Carolina
Monsi

SÓ O RECÍPROCO ME INTERESSA

astral
cultural

Copyright © 2021, Carol Monsi
Todos os direitos reservados à Astral Cultural e protegidos pela
Lei 9.610, de 19.2.1998. É proibida a reprodução total ou parcial sem
a expressa anuência da editora. Este livro foi revisado segundo o Novo
Acordo Ortográfico da Língua Portuguesa.

Editora Natália Ortega
Produção editorial Jaqueline Lopes, Renan Oliveira e Tâmizi Ribeiro
Revisão Letícia Nakamura, Pedro Siqueira e Alessandra Volkert
Capa Marcus Pallas
Foto autora Arquivo pessoal

Dados Internacionais de Catalogação na Publicação (CIP)
Angélica Ilacqua CRB-8/7057

M76s

    Monsi, Carol
      Só o recíproco me interessa / Carol Monsi. — Bauru,
SP : Astral Cultural, 2022.
    192 p.

    ISBN 978-65-5566-176-7

    1. Literatura brasileira I. Título

22-0768   CDD B869

Índices para catálogo sistemático:
1. Poesia brasileira

 ASTRAL CULTURAL EDITORA LTDA.

BAURU
Avenida Duque de Caxias, 11-70
8º andar
Vila Altinópolis
CEP 17012-151
Telefone: (14) 3879-3877

SÃO PAULO
Rua Major Quedinho, 111 - Cj. 1910,
19º andar
Centro Histórico
CEP 01050-904
Telefone: (11) 3048-2900

E-mail: contato@astralcultural.com.br

Dedico este livro ao meu avô, Jorge Rubem, que incentivou a leitura na minha vida e sempre me presenteou com bons livros. Se hoje sou uma boa escritora é porque, antes de qualquer coisa, fui uma boa leitora.

QUE VOCÊ NÃO TENHA MEDO DE SE ENTREGAR A UM NOVO AMOR

Quando o amor acontecer, num domingo qualquer ou numa segunda-feira sem graça, eu espero que você o perceba. Quando o amor chegar e você estiver todo suado voltando da academia, espero que você o agarre. Quando o amor aparecer para você, espero que guarde seus medos em uma caixinha com os dizeres "não abra". E que você deixe essa caixinha bem longe do seu coração.

Quando o amor chegar para você, espero que não fique imaginando motivos que poderiam fazer essa relação dar errado. Espero que você só se entregue e o aproveite intensamente. Quando o amor chegar para você, espero que o viva. Que o sinta. Que o deixe ser amor. Que você não fique se

Carolina Monsi

lembrando da sua coleção de amores rasos, muito menos se martirizando, ao achar que o problema sempre foi você. Porque não foi e não é.

Espero que, quando o amor acontecer, você se arrisque. Espero que sorria, faça coisas que jamais imaginou e se sinta como um adolescente apaixonado. Que você viva aquele amor de cinema, que deixa todo mundo sem fôlego e com vontade de ter um igual. Quando o amor chegar com um sorriso lindo, sorria de volta. Sem culpa. Sem medo. Com vontade. Quando o amor acontecer, se jogue na aventura que ele te convidou. E se jogue como se fosse a primeira vez. Quando o amor chegar, guarde as suas decepções antigas no bolso e o deixe ser o que é. Deixe o amor ser amor.

QUANDO O AMOR
CHEGAR,
GUARDE AS SUAS
DECEPÇÕES
ANTIGAS NO
BOLSO E O DEIXE
SER O QUE É.
DEIXE O AMOR
SER AMOR.

NÃO É O QUE A PESSOA DIZ, MAS SIM COMO ELA AGE

Há alguns anos, eu saía com um cara enrolado. Na verdade, ele não era enrolado. Ele me enrolava. Dizia que ia me ver e não vinha. Dizia para a gente sair, mas demorava para marcar. Que gostava de mim, mas estava sempre inventando desculpas. Dizia que eu era a única, mas estava sempre dando em cima de outras descaradamente. E aceitei isso durante um bom tempo. Deixei o meu amor por ele falar muito mais alto do que o amor que eu sentia por mim.

Ele foi uma pessoa que me marcou muito. Não só pelo fato de eu ter me apaixonado e sentido coisas que nunca havia sentido. Mas também porque ele me ensinou uma lição que nunca mais esqueci. Ele me fez descobrir que

Só o recíproco me interessa

a gente não deve levar em consideração apenas aquilo que a pessoa diz, mas sim a forma como ela age. Não são palavras, mas sim atitudes. Sei que é uma frase clichê, mas todo clichê tem um fundo de verdade, né?

Esse cara vivia dizendo que me amava, mas agia de um jeito totalmente contrário. De um jeito que quem ama não age. E isso é muito contraditório. Tão contraditório que ficava na cara. Era perceptível. Mas, como eu estava apaixonada, me recusava a ver. Sabe quando a gente se nega a enxergar o óbvio? Foi mais ou menos isso. Até que chegou o dia que desisti.

EU LITERALMENTE ME OBRIGUEI A PARAR DE INSISTIR NAQUILO QUE NÃO ERA RECÍPROCO. E TALVEZ NUNCA TIVESSE SIDO.

Hoje percebo que algumas pessoas não são mesmo feitas para ficar. Elas vêm para a nossa

Carolina Monsi

vida com outro propósito, que muitas vezes na hora não entendemos bem. Tem gente que chega pra ensinar e tem gente que chega pra aprender. Esse cara, por exemplo, diferentemente do que pensei durante muito tempo, não passou pela minha vida para me machucar nem partir o meu coração. Mas sim para me ensinar que atitudes são muito mais valiosas do que palavras. Afinal, se formos parar para pensar, até papagaio fala.

ELE NÃO
É VOCÊ

Ele dormiu na minha casa ontem. É, ele. E eu queria que tivesse sido você, como costumava ser. No dia seguinte, ele me acordou com um café da manhã feito especialmente para mim. Tinha uvas, panquecas e até aquele bolo da padaria que eu amo, acredita? Não sei como ele descobriu o meu doce favorito!

Estava tudo indo bem. Até que, em um momento qualquer, me lembrei de quantas vezes já vivi aquilo com você. Ele percebeu que fiquei triste e perguntou, gentilmente, qual era o problema. "Saudade", eu quis responder. Mas me limitei a dizer que era apenas sono. Não queria dividir a nossa história com ele. Ela era nossa. Me lembrei de nós dois ali, naquele mesmo lugar,

Carolina Monsi

falando e rindo sobre as coisas mais simples da vida. A gente não queria nada além daquilo. A gente só queria um bom filme na televisão e o micro-ondas apitando para avisar que a pipoca estava pronta. A gente só queria a gente.

EU ESTAVA FELIZ COM ELE, MAS, AINDA ASSIM, QUERIA QUE FOSSE VOCÊ DIVIDINDO A CAMA COMIGO. NÃO É QUE EU NÃO GOSTE DELE OU COISA PARECIDA, É QUE ELE NÃO É VOCÊ.

Nunca vai ser. Entende? Eu sei. Falando assim parece loucura, não é? Mas é que com ele as horas passam mais devagar. Eu me lembro de como o tempo voava quando nós dois estávamos juntos. Era tudo tão bom. Era tudo tão simples. Era tudo tão nosso. Éramos beijo de madrugada e gargalhada boa e alta logo pela manhã. Nós

Só o recíproco me interessa

éramos amor com uma pitada de cumplicidade e otimismo. Éramos a dupla perfeita. Sei que éramos.

Confesso que ele me beija de um jeito bom, no entanto, por mais que ele se esforce, nunca será do beijo dele que eu precisarei em uma noite cinzenta de quarta-feira. Com ele não é amor. Porque amor é isso: é precisar no meio de uma noite qualquer. É querer estar junto mais do que tudo. É ter uma vontade imensa de ser do outro e de se doar. É querer o sorriso do outro tanto quanto você quer o seu. Me sinto até culpada por não querer isso tudo com ele. Mas é que ele nunca vai ser você. Ele nunca vai ser amor. A verdade mesmo é que ninguém vai substituir você ou a nossa história.

Mas é preciso seguir em frente e dar chance a outras pessoas. E é isso o que tô fazendo. Tô tentando procurar coisas que me tragam novos sorrisos. Tentando focar na faculdade e na viagem de fim de ano que quero fazer. Tentando amar de novo e gostar de coisas novas. Comecei até a sair mais. Você sabe que nunca gostei tanto assim de festas, mas me falaram que elas fazem bem. Comecei também a assistir a filmes bobos

Carolina Monsi

de comédia porque, apesar de os de terror serem os meus favoritos, eles me fazem lembrar de você. A verdade é que tô te tirando de mim e me esforçando para pensar menos na gente. Mas vou confessar uma coisa: no fim do dia, é do seu sorriso que eu preciso, é do seu abraço que mais sinto falta. No fim do dia, a saudade sempre vem.

CONFESSO QUE ELE ME BEIJA DE UM JEITO BOM, NO ENTANTO, POR MAIS QUE ELE SE ESFORCE, NUNCA SERÁ DO BEIJO DELE QUE EU PRECISAREI EM UMA NOITE CINZENTA DE QUARTA-FEIRA.

O QUE
EU QUERO

Não quero mais ser uma distração. Não quero ser um adeus nem uma conversa no bar da esquina. Não quero ser tempo perdido. Quero me reencontrar. Quero sair por aí, fazer uma viagem demorada e mandar cartões-postais. Quero me apaixonar por sorrisos, lugares e sensações. Quero pintar o cabelo de azul e fazer uma tatuagem.

Quero ir ao show da minha banda favorita e cantar alto cada canção. Quero guardar uma foto sua e receber uma mensagem do seu número dizendo que sente minha falta. Quero que vá me encontrar onde quer que eu esteja. Quero que fique, que me deixe ficar. Quero sentir amor na minha pele e no corpo inteiro. Quero que

Só o recíproco me interessa

seja meu passado e meu futuro. Quero que não desista, que não me deixe desistir e que me dê motivos para continuar. Quero que compremos um *motorhome* para continuar essa viagem pelo mundo.

Quero fazer uma tatuagem na beira da estrada com você. Quero que procuremos o pôr do sol em um dia nublado. Quero que me encontre para que eu me reencontre. Quero me apaixonar pelos seus sorrisos, pelos nossos lugares e pela sensação de viajar. Quero explorar cada pedacinho deste mundo com olhares curiosos e encantados. Quero ver o que de mais bonito a vida tem para me dar. Quero ser tempo esperado, minutos contados no relógio e um beijo no fim do dia. Quero chegadas, não despedidas.

QUERO AMOR, NÃO DISTÂNCIAS.

E QUANDO A SAUDADE CHEGAR?

Vai ter um dia em que ela vai chegar de surpresa, como quem não quer nada. Ela vai invadir cada espaço do seu corpo e te dominar de uma forma que você nem vai entender. Quando a saudade chegar, você vai senti-la. E, junto, virá um milhão de lembranças felizes. Lembranças de um dia bonito, cheio de amor e de aventuras. Lembranças de um dia inteiro de preguiça no sofá, assistindo a um filme qualquer na televisão. Lembranças de um beijo que encaixava no seu, de um abraço que você já não encontra e de um cheiro que você nunca mais sentiu desde que tudo acabou.

Vai ter um dia em que a saudade vai te sufocar. Você vai deitar na cama para tentar dormir e

Só o recíproco me interessa

esquecer. Vai virar de um lado para o outro, mas o sono não vai vir. Virão apenas recordações. Você vai levantar, colocar um par de meias velhas para suportar o dia frio e fazer um café para lidar com a saudade. Você vai começar a assistir a um programa chato só para parar de pensar naquela pessoa que talvez não seja mais sua.

Você até vai tentar ignorar aquilo que tá sentindo, mas logo vai desistir. Porque, quando a saudade vem, não tem jeito. Tudo vai te fazer lembrar aquela pessoa. Seja uma música, um filme ou uma roupa. E aí você vai pegar o celular. Vai discar aquele número que sabe de cor. Ela vai atender, com aquela voz doce que você conhece tão bem, mas você vai desligar. Talvez por falta de coragem, mas nunca por falta de amor.

PREFIRO MIL VEZES SOFRER POR AMOR DO QUE SOFRER POR UM AMIGO

Eu tinha uma amiga que era bem próxima a mim. Ela estava comigo quando lancei o meu primeiro livro, e eu estava ao seu lado quando ela resolveu fazer a sua primeira tatuagem. Ela fazia parte do meu dia a dia. E, do nada, tudo isso mudou. Não sei se fiz algo de errado ou se deixei de fazer algo importante para ela. Só sei que a nossa amizade mudou. Acabou. E demorei um tempo pra perceber isso.

Essa minha amiga terminou o namoro e eu só fui saber mais de um mês depois. Logo eu, que acompanhei de perto o início daquela história de amor. Logo eu, que vibrei com cada mensagem trocada entre eles. Logo eu, que torcia para que desse certo.

Só o recíproco me interessa

O cachorro dela morreu e eu também não soube. Ela não me contou. São coisas pequenas, eu sei. Mas que me doeram muito.

O que dói no fim de uma amizade é que a pessoa vai tirando a gente da vida dela. A gente vai deixando de saber. Deixando de conhecer. Deixando de fazer parte do dia a dia dela. Parando de saber das novidades, da nova rotina, do emprego recém-conquistado e de como anda aquele coração.

A gente passa a assistir de fora à vida do outro. Como isso dói. Dói demais. Dói não saber. Logo você, que antes era a pessoa que sabia de tudo, passa a não saber de mais nada. Logo você, que era sempre a primeira a saber, agora é a última. Dói. Dói sentir que está perdendo alguém que você achava que seria seu amigo até o fim.

Poucas pessoas vão entender isso, mas prefiro mil vezes sofrer por amor a sofrer por um amigo.

É QUE PARECE QUE PERDER UM AMIGO DÓI MUITO MAIS DO QUE PERDER UM AMOR.

Carolina Monsi

Pelo menos para mim. E o que mais me dói em perder um amigo é que ele sai da nossa vida aos poucos. Sem que a gente se dê conta. Até que um belo dia a gente acorda e percebe que já não pode chamar aquela pessoa de amigo. E isso dói. Dói porque as coisas mudam. As coisas se perdem. As coisas terminam.

O QUE DÓI NO FIM DE
UMA AMIZADE É QUE
A PESSOA VAI
TIRANDO A GENTE DA
VIDA DELA. A GENTE
VAI DEIXANDO DE
SABER. DEIXANDO
DE CONHECER.

A GENTE SE PERDEU

Não sei exatamente onde a gente se perdeu. Como a gente se desencaixou. Ou em qual momento deixou de dar certo. Só sei que parei de sentir aquela vontade de te ligar no meio do dia para saber como iam as coisas. Só sei que, quando eu recebia uma mensagem sua, aquela minha animação de antes não existia mais. Aquela ansiedade para te responder logo já não vinha. Eu não sei o que aconteceu com a gente. Só sei que você parou de fazer o meu prato favorito toda quinta à noite. E, quando eu te falava sobre os meus sonhos, você já não ouvia tão atentamente.

Onde foi parar aquela empolgação? Aquele interesse? Aquela reciprocidade? As coisas foram mudando. Na verdade, a gente foi mudando.

Só o recíproco me interessa

A gente se perdeu. Sei lá o que aconteceu. Acho que o amor acabou. Não sei se foi porque parei de deixar bilhetes dentro do seu armário ou porque você parou de me mandar rosas todo dia 13. Será que o nosso amor acabou porque o nosso aniversário era no dia 13? Treze. Número do azar, né? Vai ver foi por isso. Deve ter sido. Te falei para esperar o dia 14 para me pedir em namoro. Mas você fez o quê? Me chamou de supersticiosa e disse que não daria nada. Pois deu.

Ou será que não foi por isso? Será que o nosso amor acabou porque eu sou de libra e você de escorpião? Dizem que os nossos signos até se atraem, mas não duram. Será que foi isso? Ou será que foi o fato de você ser intenso e eu, com toda a minha bagagem, ter medo de sentir? Será que foi porque você é a pessoa que mergulha de cabeça, enquanto eu fico ali na beiradinha, analisando se é mesmo seguro pular?

Bom, não sei se foi culpa do dia 13, dos nossos signos ou se foi culpa nossa. Vai ver a gente não cuidou tanto assim do nosso amor. Vai ver erramos nisso. Dizem que amor precisa de cuidado, não é? Talvez a gente não tenha cuidado do nosso como deveria. Talvez a gente

Carolina Monsi

devesse ter demonstrado mais. Tentado mais. Se esforçado mais. Mas a gente preferiu desistir. E aí você resolveu ir embora. Não te culpo. Também pensei em ir. Na verdade, eu fui. De algum jeito, também fui embora. Você saiu de casa. Eu saí do seu coração. Então, a verdade é que nós dois fomos embora.

O pior de tudo é que, quando o amor acaba, ele acaba assim. Em um dia quente de verão. No meio da tarde. De uma hora para a outra. Sem explicação. Sem mais nem menos. Sem muito motivo. Deixando apenas alguns planos que jamais serão cumpridos. Deixando perguntas que não serão respondidas. Deixando dois corações que jamais serão os mesmos.

O PIOR DE TUDO
É QUE, QUANDO
O AMOR ACABA,
ELE ACABA ASSIM.
EM UM DIA QUENTE
DE VERÃO. NO MEIO
DA TARDE. DE UMA
HORA PARA A OUTRA.

FOI LINDO, MAS JÁ ACABOU

Eu sei que você está aí, relembrando como vocês eram felizes no início. Sei que você está se perguntando o que aconteceu e o que pode ter feito de errado. Sei que você queria que a relação voltasse a ser como era, como quando ele movia o mundo para te provocar um sorriso. Eu sei que você queria voltar para aquela época em que não tinha que cobrar atenção, amor ou reciprocidade. Era tudo tão mais natural e fácil, não era?

Acontece que você não deve viver à espera do dia em que as coisas vão voltar a ser como antes. Porque bem provavelmente elas não voltarão. Viver nessa espera é angustiante e injusto com você. É difícil, mas é importante que a gente

Só o recíproco me interessa

perceba e aceite quando alguma coisa termina. Por isso, talvez esteja na hora de aceitar que aquela pessoa mudou. E a relação que vocês tinham também. Foi lindo tudo aquilo que viveram. Você estava tão feliz naquela época... Mas eu te pergunto, já sabendo a resposta: você está feliz agora?

Ainda há um mundo lindo lá fora, com outros milhões de sorrisos que podem te fazer sorrir. Outros abraços que podem encaixar perfeitamente no seu. Por isso, não viva essa espera. Quem sabe não chegou a hora de abrir mão? De desistir. De ir embora... Não há nada de errado em desistir. Errado mesmo é tentar consertar o que já foi quebrado, pisado e está em caquinhos. Errado mesmo é ir, pouco a pouco, desistindo de si. Errado mesmo é não lutar para ser feliz.

UM TEXTO SOBRE FINAIS – E POR QUE ELES DOEM TANTO

Eu não sei lidar bem com finais. Na verdade, nunca soube. E talvez isso aconteça porque a ideia do "nunca mais" me assuste. Ou talvez porque eu tenha uma vontade enorme de ficar, de permanecer, de fazer dar certo. Ou ainda porque tenho mania de dar a cara a tapa, tentar e insistir. E nessa de insistir, algumas vezes, acabo insistindo em situações sem futuro. Às vezes, também insisto sozinha. Amo sozinha. E, obviamente, sofro sozinha.

Admiro pessoas que têm facilidade em encerrar ciclos, em se afastar de quem não tá mais somando e em colocar pontos-finais. Admiro pessoas que sabem lidar com o fim. Eu, honestamente, não sei lidar bem com ele. Sempre

Só o recíproco me interessa

fico chateada quando o filme termina, quando a viagem acaba e quando a música para de tocar. Mas o que mais me dói é quando o amor e uma amizade importante chegam ao fim.

A VERDADE É QUE FICO TRISTE TODA VEZ QUE ALGUÉM SAI DA MINHA VIDA, AINDA QUE EU SAIBA QUE MUITAS VEZES ISSO É NECESSÁRIO E IMPORTANTE.

É que, mesmo que a gente não entenda, determinados finais são essenciais. E sei bem disso. Mas o fato de serem finais necessários não faz deles menos dolorosos. O fim dói. Sempre dói.

ÉRAMOS AMOR. HOJE, SOMOS DISTÂNCIA

Talvez a minha terapeuta tenha razão quando me diz que te procuro em outros caras. Na primeira vez que me disse isso, pensei que ela estava louca. Onde já se viu dizer uma coisa dessas? Mas, com o passar do tempo, aquelas palavras começaram a fazer sentido. Desde que tudo terminou, saí com algumas pessoas. O Vitor contava piadas parecidas com as suas; o Luiz tinha o seu sorriso; e o Fred, a sua vontade de conhecer o mundo. Todos eles tinham alguma parte sua, mas, para a minha tristeza, nenhum deles era você. A questão é que ninguém vai ser igual, entende? Uns serão menos românticos, outros mais. Alguns mais altos, outros mais baixos. Alguns mais engraçados, outros mais sérios.

Só o recíproco me interessa

Devo confessar que essas tentativas de enganar meu coração e a mim mesma estão cada vez mais falhas. Procurar você em outras pessoas é sinônimo de não conseguir te esquecer. É me afogar em lembranças diariamente. E não consigo acreditar que entre os sete bilhões de pessoas no mundo nenhuma tenha, ao mesmo tempo, as suas piadas, o seu sorriso e as suas vontades.

É ENGRAÇADO PORQUE ME LEMBRO DE QUANDO TE DIZIA QUE VOCÊ ERA UMA DESSAS PESSOAS ÚNICAS DO MUNDO, AGORA PERCEBO QUE, TALVEZ, EU ESTIVESSE CERTA.

A solução mais óbvia para deixar de te procurar nos outros seria te procurar, para juntar todas as partes suas de que tanto gosto. Mas isso seria loucura. Te ligar agora, no meio da madrugada de

Carolina Monsi

um domingo, seria demais. Engraçado que há um tempo isso teria sido muito normal. Não importava se era sábado ou segunda-feira, nos falávamos todos os dias. Éramos amor. Hoje somos distância.

Acredite, sinto falta daquela época. Dizem que há males que vêm para o bem. Não sou muito de acreditar em ditos populares, você sabe, mas nesse eu gostaria muito de acreditar. Gostaria de pensar que viver sem você ainda vai me ensinar alguma lição boa. Mas, enquanto não posso ter você por inteiro, me contento em procurar teu sorriso em outros rostos e teu amor em outros corações. E finjo, como uma atriz dando o melhor de si em uma peça de teatro, que os encontrei.

DIZEM QUE HÁ MALES
QUE VÊM PARA O BEM.
NÃO SOU MUITO
DE ACREDITAR EM
DITOS POPULARES,
VOCÊ SABE, MAS
NESSE EU GOSTARIA
MUITO DE ACREDITAR.

SAUDADE É QUERER...

Saudade é querer voltar. Voltar para uma época, para um lugar ou até mesmo para uma pessoa. Saudade é querer reviver momentos, sorrisos e paixões. Saudade é cheiro de perfume e de bolo assando no forno. Saudade são férias, infância, inocência. Saudade é pertencimento a algo ou a alguém. É querer conversar em uma hora qualquer do dia. Saudade é ler um livro em um dia chuvoso, é tomar um café à tarde e caminhar até a praça no fim de semana.

Saudade é querer ficar e não deixar ir. É frio na barriga, é coração batendo forte. Saudade é um adeus, tanto o que foi dito quanto o que não foi. Saudade é um encontro no bar da esquina, uma viagem, um alguém. Saudade é um avião decolando, são partidas, mas também chegadas. Saudade é querer estar, lembrar e permanecer.

Saudade é o café que esfriou e você nem percebeu. É o beijo roubado e o que não foi dado. Saudade é valorizar os minutos que passaram e não voltarão. Saudade é aquela linda canção que não toca mais. É namoro no portão, é um amor de verão.

SAUDADE É ACREDITAR QUE UM DIA NÃO SERÁ MAIS SAUDADE.

NEM TODO AMOR VAI DURAR PARA SEMPRE

Nem todo amor vai durar para sempre, mas isso não significa que não tenha sido amor. Isso também não significa que não tenha sido bom e, muito menos, que não tenha valido a pena ser sentido. Pode ser que você tenha aprendido meia dúzia de lições valiosas. Pode ser que aquela pessoa tenha te causado alguns sorrisos sinceros, te dado aquele frio na barriga de outro mundo e te oferecido momentos especiais. Pode ser também que você tenha sentido emoções que nunca imaginou. Pode ser que vocês tenham feito viagens legais e ido ao cinema em um dia comum, em uma segunda-feira qualquer. Pode ser que aquele amor, mesmo sem durar para sempre, tenha te feito muito feliz.

Só o recíproco me interessa

E se te fez feliz por um tempo, isso fez com que aquele amor, mesmo que não tenha sido eterno, tenha valido a pena. Eu sei que, quando tudo termina, a gente tem mania de dizer que não deu certo e que não valeu a pena. Mas discordo disso. Acredito que se te fez feliz, mesmo que por pouco tempo e mesmo sem durar para sempre, então deu certo, sim.

É IMPORTANTE QUE A GENTE ENTENDA QUE NEM TODO AMOR VAI SER ETERNO, E QUE ISSO NÃO SIGNIFICA QUE NÃO TENHA SIDO VERDADEIRO E INTENSO.

Nem todo amor vai durar para sempre, mas isso não significa, nem de longe, que não tenha valido a pena. Se foi amor, então valeu a pena ser vivido.

ANTES DE O AMOR CHEGAR

"Eu não quero um amor agora." Quando digo isso, as pessoas se assustam. Não entendem. Perguntam: "Como assim você não quer namorar?" Não é que eu não queira viver a experiência de ter um amor bom, gostoso e divertido, como em um desses filmes clichês a que a gente assiste. Não é que eu não queira ter alguém para dividir a vida, os medos e as alegrias. Não é que eu não queira alguém para andar de mãos dadas por aí. Quero ter um amor. Só não quero ter um amor agora.

Antes de o amor chegar, quero me conhecer. Saber quem eu sou, entender do que gosto e do que não gosto. Quero descobrir minhas vontades, meus receios e meus sonhos. Quero explorar

Só o recíproco me interessa

cada característica minha e aprender a trabalhar os defeitos. Quero aprender a me amar antes de deixar alguém fazer isso por mim. Antes de encontrar um amor, quero me encontrar. Me amar. Me conhecer.

**QUERO UM AMOR.
COM CERTEZA.
SÓ NÃO QUERO
QUE ELE CHEGUE
AGORA.**

VAMOS FALAR DE SAUDADE?

Outro dia encontrei aquele seu amigo, o Bruno, na padaria da esquina. Nós conversamos sobre o tempo e sobre como fazia frio naquela manhã. Falamos também sobre a enorme fila que se formara bem ali na nossa frente e sobre o escritório que ele estava pensando em abrir. Ele parecia muito animado com a ideia. Evitei perguntar sobre você, mas confesso que seu nome acabou saindo quase involuntariamente da minha boca. *Há quanto tempo eu não o pronunciava,* pensei de imediato.

Rapidamente, ele me respondeu que você estava bem. Foi tudo o que disse. Não perguntei mais nada porque saber aquilo já era suficiente para mim. Me bastava, porque eu não queria

Só o recíproco me interessa

saber das suas histórias com o seu novo amor. Aquilo me machucaria. O tempo é capaz de curar muita coisa, mas não pôde curar a dor de não ter você por perto.

Não queria ouvi-lo dizer que vocês fizeram aquela viagem que nós sempre quisemos, e que eu sempre adiei. Com essa minha mania de deixar tudo para depois, deixei até mesmo você. Não queria saber que você a pediu em namoro naquela boate a que costumávamos ir às sexta-feiras. Não vou mais lá desde que tudo terminou num dia frio como este. Não queria saber se você faz chocolate quente para ela de madrugada, como fazia para mim. Não queria me lembrar da época em que comprava mais de um pão francês, bem ali, naquela pequena padaria de esquina. Não queria lembrar que agora sou uma página virada na sua vida. Mais do que isso, sou um livro que você não lê mais. Um livro guardado em um móvel empoeirado na sua sala de estar. Sou exatas 567 páginas que você esqueceu. Sou 567 dias e lembranças que te doem recordar. Nada mais do que isso.

Você decidiu não lembrar mais dessa história. Da nossa história. Tudo bem. Eu te entendo. Tudo

Carolina Monsi

isso é minha culpa, inclusive essa saudade do que fomos, do que não fomos e do que queríamos ser. Se me pedissem para te definir em uma palavra, eu perguntaria se posso fazê-lo em duas. "Minha saudade." É isso que você significa para mim. Porque falar de você sem falar de saudade é impossível. É como contar estrelas sem olhar para o céu. É como não querer mergulhar no mar num dia quente. É como observar o pôr do sol no Arpoador e não se apaixonar.

Durante aquelas breves palavras com seu amigo, me lembrei de como éramos e do tempo em que só queríamos ser. Ser felizes, amados e eternos. Concluí que, em algum momento, nos perdemos. Você optou por um caminho, e eu segui por outro. Hoje, você é uma lembrança guardada em uma caixinha que levo comigo mundo afora. Você é um fim de tarde que não posso apreciar mais. Você é saudade e nada mais.

SE ME PEDISSEM
PARA TE DEFINIR
EM UMA PALAVRA,
EU PERGUNTARIA
SE POSSO FAZÊ-LO
EM DUAS.
"MINHA SAUDADE."

ELA ESCOLHEU CUIDAR DO CORAÇÃO

Ela tá mais seletiva, sabe? Tá entendendo melhor o que quer e, principalmente, o que merece. Ela tá mais decidida sobre quem fica e quem sai da sua vida. É que essa menina já está cansada de ter uma coleção de decepções. Está cansada dos falsos amores. Ela cansou de dar a cara a tapa, de se arriscar e nunca conseguir sair inteira de alguém.

O coração dessa menina já foi muito machucado. Mas ainda assim, se você quer saber, ela não desistiu do amor. É que ela ainda acredita nesse sentimento. Ela ainda acredita no amor bom. No amor de verdade, daqueles que a gente quer contar para o porteiro, o vizinho e quem mais aparecer na nossa frente. Aquele tipo de amor que a gente quer falar para todo mundo sobre a sorte de viver uma coisa assim. Aquele tipo de amor que deixa a vida até mais colorida e faz tudo valer a pena. Ela quer viver esse amor. Menos do que isso ela não aceita. Não mais.

ELA NÃO QUER MAIS UM AMOR FEITO DE METADES. ELA DECIDIU QUE NÃO VAI MAIS ACEITAR ESSE TIPO DE AMOR MEIA-BOCA QUE EXISTE POR AÍ.

Também não quer saber de quem inventa desculpas descabidas e de quem não sabe o que quer. Ela quer mesmo é alguém disposto. Porque amor é isso: é para quem está disposto. E ela está. Ela quer alguém que chegue para ficar. Que saiba respeitar o que ela sente, que seja recíproco e verdadeiro. Que entenda que coração é coisa séria. Com ele não se brinca. A verdade é que ela

Carolina Monsi

escolheu cuidar melhor dela mesma e do coração. E isso inclui manter em sua vida apenas quem souber cuidar bem desse coração também. Por isso, ela está dando tchau para os falsos amores, para os incompletos e para aqueles que fazem o tipo meia-boca. Agora, no coração dela, só o amor bom, simples e recíproco, por favor.

CADA UM PARA O SEU LADO

Quando tudo acabou, implorei para a gente tentar de novo. Ouvi você dizer repetidas vezes não e que seria melhor assim: cada um para o seu lado. Você me deixou sem reação, sem saber o que fazer. E eu só conseguia chorar. Ficava tentando entender. Tudo bem que o nosso amor já não estava lá grande coisa, mas achava que a gente merecia lutar por ele.

Fui para casa e tomei um banho bem mais demorado do que de costume. No primeiro dia depois do fim, desabei. No segundo dia, vi alguns filmes e me entupi de sorvete. No terceiro dia, o assunto com os meus amigos era você. Eu só conseguia falar sobre você. E, cada vez que eu falava, pior me sentia.

Carolina Monsi

No quarto dia, eu ficava olhando para a tela do celular de cinco em cinco minutos, na inútil esperança de você ter se arrependido. Entrava nas suas redes sociais toda hora para ver como estava sendo a sua vida sem mim. Ela parecia normal. Parecia boa. Você continuava acordando cedo, indo malhar, comendo bem, indo para a faculdade e para o trabalho. Estava tudo aparentemente comum. E eu só conseguia pensar que ou você fingia estar muito bem ou nunca tinha gostado de mim.

No sétimo dia, minha amiga me chamou para ir a uma festa. Não estava pronta, e sabia disso, mas, por algum motivo, fui. Alguns caras quiseram conversar comigo. Batemos um papo e foi até legal.

MAS EU SEMPRE FICAVA COMPARANDO-OS A VOCÊ. POR MAIS INJUSTO QUE ISSO FOSSE COMIGO, COM VOCÊ E COM ELES.

Só o recíproco me interessa

Duas semanas depois, me falaram que você estava em um bar com uma menina. Eu, sem pensar, fui lá ver. Você parecia feliz com ela, e isso me atingiu como um soco. Como assim você já estava seguindo a sua vida? Ainda que não tivéssemos mais nada um com o outro, me senti traída. Rejeitada. Pequena. Ali, tomei a decisão mais importante da minha vida: decidi te esquecer. Apaguei seu número, parei de falar sobre você na rodinha dos amigos e te excluí das minhas redes sociais. Pintei a parede do meu quarto de laranja, cortei o cabelo e segui a vida. É, talvez você tivesse razão. Era melhor cada um para o seu lado.

Quatro meses depois, para a minha surpresa, dedos nervosos e acelerados tocaram a minha campainha. Era você, e não precisei nem abrir a porta para descobrir isso. Reconheci o seu jeito de tocar a campainha, por mais bizarro que isso seja. Te perguntei logo de cara o que você estava fazendo ali. Você perguntou, meio sem jeito, se poderia entrar para conversar. Eu disse que sim, afinal, você já não me afetava mais. Para a minha surpresa, as borboletas que apareciam no meu estômago sempre que eu te via resolveram tirar férias.

Você chorou. Falou que estava arrependido. Disse algumas vezes que eu era a mulher da sua vida. Eu te deixei falar. Fiquei quieta a maior parte do tempo. Até que você me olhou como quem espera uma atitude. Nunca te vi tão frágil em toda a minha vida, mas isso não me convenceu a voltar para você. Eu não podia fazer isso comigo. Lutei muito para te esquecer e, depois de um tempo, consegui. E, ali, tive certeza mesmo: você tinha razão. Foi e é melhor cada um para o seu lado.

DECIDI TE ESQUECER.
APAGUEI SEU NÚMERO,
PAREI DE FALAR
SOBRE VOCÊ NA
RODINHA DOS AMIGOS
E TE EXCLUÍ
DAS MINHAS
REDES SOCIAIS.

O QUE UM REFRIGERANTE PODE TE ENSINAR

Outro dia conheci um cara que não toma refrigerante. Sim, é isso mesmo! Refrigerante! E eu, a completa viciada em Coca-Cola, fiquei chocada. Mal troquei algumas palavras com o cidadão e já perguntei como ele conseguia. Ele me respondeu que adorava refrigerante, mas sabia que fazia mal. Ele me contou também que, sempre que sentia vontade de beber, dizia para si mesmo: "É só por hoje. Só por hoje não vou beber." Ele disse que assim ficava tudo mais fácil. Então, resolvi testar. Não para Coca-Cola. Mas para você.

É que ficar sem pensar em você para sempre parece impossível. Mas e se eu adotar esse tal de "só por hoje"? Talvez fique mais fácil. Então, é

Só o recíproco me interessa

isso. Só por hoje não vou pensar em você. Só por hoje vou evitar qualquer pensamento, qualquer recordação, qualquer coisa que me faça lembrar da gente. Só por hoje não vou me lembrar dos nossos momentos nem do que a gente poderia ter sido. Só por hoje não vou abrir a porta para a saudade. Só por hoje vou sair, me divertir e não vou me lembrar de você. Só por hoje não vou te mandar mensagem, te stalkear, nem procurar saber da sua vida.

É que só por hoje vou te esquecer. Esquecer o nosso amor. Esquecer nossos planos e sonhos. Esquecer a sua vontade de explorar o mundo. Esquecer aquele seu sorriso e como seu abraço encaixava perfeitamente no meu. Esquecer aquela casa branca na qual a gente queria morar. Esquecer aquele sonho de adotar um cachorro.

SÓ POR HOJE VOU ESQUECER TUDO. SÓ POR HOJE VOU ESQUECER VOCÊ.

ELA SE APAIXONOU POR VOCÊ

Ela não era muito de se apaixonar. Sempre viveu desviando de amores. Pulando de colo em colo para não se apegar. Nada disso foi à toa ou por acaso. Ela estava se sentindo machucada, decepcionada e sem vontade de amar outra vez. É que nem todo mundo soube cuidar do coração dela. Nem todo mundo soube entender a sua garota, apreciar cada detalhe dela e olhá-la como se fosse a coisa mais linda que já viu. Nem todo mundo soube valorizar a sua menina, e isso a fez se tornar mais dura do que o planejado.

Mas aí você chegou. Você chegou e ela se entregou. Ela acreditou. Ela te amou. Ela deu uma nova chance para si e para você. Ela te guardou no coração, sem se importar com o fato de que os últimos que passaram por lá foram só visitantes. Ela acreditou que com você seria diferente, e por isso ela se doou como se fosse a primeira vez.

E aí ela se apaixonou pelo seu sorriso, pelo seu jeito de olhar e pelas suas manias bobas. Ela se apaixonou pela sua perspectiva bonita de enxergar o mundo. Ela se apaixonou pelas suas piadas, pelo seu humor e pela conexão que existe entre vocês. Ela se apaixonou pelo fato de poder ser ela mesma com você. Sem joguinhos, sem mistérios, só amor. Ela se apaixonou pelo seu abraço apertado, que sem perceber virou o lugar favorito dela. Ela se apaixonou como se fosse uma adolescente descobrindo o amor. E, de fato, ela estava descobrindo o amor. O amor recíproco.

EU GOSTO DE GENTE QUE NÃO TEM MEDO DE SENTIR

Eu gosto de gente que se entrega e não tem medo de sentir. Gosto de gente que, mesmo magoada, não deixa de acreditar no amor. Gente que sofreu, mas conseguiu se recuperar. Gosto de gente que fala o que sente, que é verdadeira e que me deixa mergulhar em seu mundo. Gente que não faz joguinho, não enrola e não esconde sentimento. Gosto de gente rara. De gente de verdade.

Gosto de gente que se importa. Que tá com saudade e procura. Que manda mensagem e sempre encontra formas de se fazer presente, ainda que não esteja fisicamente perto. A verdade é que gosto de gente que dá um jeito, e não uma desculpa. Gente que se importa. Eu gosto mesmo é de gente que sente, ainda que já tenha passado

Só o recíproco me interessa

por situações difíceis. Gosto de gente que supera. Que acredita. Que se abre.

Sei que muitas pessoas vão deixando de acreditar no amor e deixando de sentir. E não julgo. É difícil, sim, acreditar no amor. Principalmente quando ele já te machucou algumas vezes. Mas, no fim, diferentemente do que a maioria pensa, corajoso mesmo é quem acredita no amor em um mundo em que muita gente não sabe mais amar. Corajoso é quem acredita. Quem se permite viver. Quem se permite sentir. É quem se permite amar.

VAMOS FUGIR?

Que tal a gente largar tudo, deixar para trás os problemas e construir uma história bonita em outro lugar? Pode ser em uma dessas cidades desconhecidas, que ninguém nunca nem ouviu falar. Só vamos. No meio da madrugada ou em uma tarde qualquer. A gente pega um ônibus ou pede carona. Dorme num hotel na beira da estrada ou numa barraca. Tanto faz. Com você, tanto faz.

Você sabe que a gente não precisa de muito. Só de estarmos juntos fica tudo bem. Pegue o seu violão no chão do quarto e umas quatro ou cinco camisetas no armário. A gente faz uma playlist boa no celular e, se a bateria acabar, vamos cantando daqui até lá. Faça as malas. Vamos conhecer o mundo. Não sei qual o nosso rumo, mas sei que se estivermos juntos, então vai ficar tudo bem. Pega a sua mala preta e carregue-a para onde eu for. Pegue aquele livro que você está lendo, mas que logo vai deixar de lado. Garanto a você que aquela história não será melhor do que a nossa.

Leve aquele nosso porta-retratos colorido de um dia feliz qualquer. Só vem! Pegue também aquele seu sorriso de que eu tanto gosto. Mas não deixe para a semana que vem.

**VEM HOJE,
VEM LOGO.
VEM QUE EU TE
PUXO PARA PERTO
E TE DOU
UM BEIJO.**

Vamos fugir? Prometo a você que faço aquela torta de morango e um cafuné no meio do caminho. A gente pode escrever um livro sobre tudo o que vamos viver juntos nessa viagem.

Podemos parar em um hostel qualquer e fazer um amigo chamado Billy. E ele nos dará carona no dia seguinte em um fusca azul. Vamos fugir?

Carolina Monsi

A gente pode ficar junto o tempo inteiro, e eu não sentiria mais a sua falta em janeiro.

Deixe um bilhete no trabalho e um beijo de despedida na sua mãe. Vamos fugir antes que o café esfrie, que a nossa música termine de tocar no rádio e que os nossos sonhos sejam deixados de lado.

Vamos? Quero sentir o vento batendo no rosto e não me preocupar se já estamos em agosto. Vamos para algum lugar onde ninguém nos conheça e onde a gente se reconheça, se reconecte e se reame. Mas, antes que eu me esqueça, só mais uma pergunta: vamos fugir?

VAMOS? QUERO SENTIR O VENTO BATENDO NO ROSTO E NÃO ME PREOCUPAR SE JÁ ESTAMOS EM AGOSTO. VAMOS PARA ALGUM LUGAR ONDE NINGUÉM NOS CONHEÇA E ONDE A GENTE SE RECONHEÇA, SE RECONECTE E SE REAME.

ME DEIXA

Me deixa ser parte de algo bom e verdadeiro. Me deixa entrar na sua vida. Prometo não fazer tanta bagunça. Prometo também risadas no fim do dia e um bom café da manhã no domingo. Me deixa te ouvir tocar uma música bonita no seu violão velho numa tarde qualquer. Me deixa ser um pedacinho do seu presente e imaginar um futuro com você. Me deixa ser aquele abraço de que você precisa no fim de um dia ruim. Me deixa ser aquela pessoa para quem você quer contar tudo o que acontece na sua vida, ainda que seja algo bobo.

Me deixa te fazer sorrir com as minhas conversas fiadas. Me deixa te mostrar uma nova vida, uma nova viagem, uma nova aventura. Me deixa passar o dia inteiro na sua cama de solteiro. Me deixa ser o seu amor de verão e de todas as próximas estações. Me deixa usar seu casaco velho no inverno. Ele vai ter o seu cheiro e eu vou gostar dele exatamente por esse motivo. Me deixa permanecer na sua vida. E me leva. Me leva para qualquer esquina, para qualquer lugar em que você vai estar.

ME DEIXA OUVIR A SUA MÚSICA FAVORITA E SORRIR A CADA VEZ QUE EU A ESCUTAR. ME DEIXA SER UM POUQUINHO SUA E SE PERMITA SER UM POUQUINHO MEU TAMBÉM.

Sem joguinhos ou mistérios. Somos a matemática perfeita, apesar de você odiar matemática. Me deixa te levar comigo para onde eu for. Me deixa errar com você e pedir desculpas no fim de tudo. Te deixo errar também. Me deixa ser o seu sossego e a sua calmaria. Me deixa ser a pessoa que você quer ver no fim do dia. Me deixa tirar o seu sono e te roubar um milhão de sorrisos para compensar o quanto você já roubou de mim. Me deixa ser, mas, por favor, nunca me deixa.

ONDE MORA O AMOR?

Há quem diga que a cidade não é a mesma sem você. Há quem diga também que as semanas estão mais longas do que de costume, e os dias, mais cinzentos. Há quem diga, ainda, que não sou mais a mesma. Você deve estar se perguntando quem diz isso, não é mesmo? Está bem, vou te contar. Eu digo. Eu digo que dar uma simples caminhada com o Marley tornou-se um desafio sem você. Ele está cada vez mais forte quando passeamos. Você prometeu comprar uma coleira mais resistente. Ele sente sua falta, sabia? Toda noite, ele começa a latir e vai até a janela na esperança de te ver entrando no prédio. Confesso, ele não é o único que te espera. Também te espero, mesmo sabendo que não vai voltar.

Carolina Monsi

Jantar fora também se tornou algo difícil, acredita? No nosso restaurante não servem prato para uma pessoa só. Lá é romântico demais para ter uma noite sozinha e silenciosa, como as que eu tenho tido nos últimos meses. Outro dia, o garçom, aquele garçom de sempre, me perguntou sobre você. E o que eu respondi? Bem, não soube o que dizer.

Acho que o pior lado da saudade é o não saber. Não saber se você está bem, se ainda tem aquela mania que eu detestava, de dormir com a luz acesa, ou se já terminou de ler aquele livro que compramos na minha livraria favorita. Você nunca gostou de ler, lembra? E, aqui, sentada neste banco da praça, tenho na mão um livro que você me deu. Sorrio. Sorrio porque valeu a pena. Sorrio porque não ouso mais chorar. Nada é perene. É o que dizem. Logo eu, que sempre contestei tudo o que me diziam, estou acreditando em uma frase feita. Irônico, não? Talvez. É um grande problema quando essas frases começam a fazer sentido na nossa vida.

A essa altura você já deve estar bem longe daqui. Em Roma? Talvez. Penso que poderia me mandar uma foto ou até mesmo um cartão-postal de lá. Mas você não vai. É só mais uma dessas coisas que espero que você faça, mas você não faz. Vamos voltar a falar de Roma. É uma das cidades da nossa lista de lugares para conhecer. Lembra quando a escrevemos? Naquela noite fria que você fez um chocolate quente e eu, simplesmente, adorei.

ERAM TANTOS LUGARES, QUE MAL COUBERAM EM UMA SÓ FOLHA. SONHÁVAMOS EM CONHECER TUDO. EU AINDA SONHO.

Espero que você também. Dizem que sonhar é importante. Decidi acreditar em mais uma frase feita. O que há de errado comigo? Pode ser saudade. E eu, que nunca fui a menina que esperava por um príncipe encantado, o encontrei em você. Em você e só em você.

Ainda sentada num banco qualquer, observo as pessoas passarem. Vejo diversos casais. Alguns sorrindo e outros, bem... Nem tanto. A questão é:

Carolina Monsi

há tantos tipos de casais por aí? Os felizes, os que se aturam, os que se amam e os que se detestam. E nunca consegui definir nós dois. Acho que não há definição possível. Nenhuma palavra dos milhares do dicionário poderia nos definir. Indefiníveis. Talvez seja essa a nossa palavra.

Mas o que eu quero que você saiba é que vou sempre me lembrar dos detalhes, porque é em cada um que mora o amor. Nunca vou me esquecer daquelas flores no meu aniversário. Fiquei tão feliz... Acredita que guardo uma pétala até hoje em um caderninho? Guardo também algumas fotos nossas, bilhetes seus e muita saudade sua. O amor morava ali. Tenho certeza de que sim. Você me ensinou a amar e me fez crescer como mulher. E serei eternamente grata por isso. Fomos sortudos em ter sentido amor. O que for para ser será. Não é isso que dizem? Quem sabe um dia a gente se encontre numa dessas tardes chuvosas de janeiro... E aí você me roubaria beijos e, o mais importante, me roubaria outra vez para você.

VOCÊ ME ENSINOU A AMAR E ME FEZ CRESCER COMO MULHER. E SEREI ETERNAMENTE GRATA POR ISSO. FOMOS SORTUDOS EM TER SENTIDO AMOR. O QUE FOR PARA SER SERÁ.

QUEM TE QUER DÁ UM JEITO

Outro dia ouvi uma amiga falar sobre um cara com quem ela estava saindo havia alguns dias. Ela dizia sem parar o quanto ele era incrível e maravilhoso. Um verdadeiro príncipe encantado, desses que a gente só vê em clichês. Quando perguntei quando se veriam de novo, ela disse que ele era do tipo ocupado. Naquele momento, parei e a olhei atentamente, como quem espera uma continuação. E ela seguiu: "A gente não vai se encontrar hoje porque ele vai no aniversário de um amigo. Amanhã também não dá porque ele tem futebol bem cedo. E domingo é o dia em que ele almoça com a mãe."

Fiquei quieta analisando aquilo tudo. O dia tem 24 horas. Ok, nós dormimos durante oito.

Só o recíproco me interessa

Ainda sobram dezesseis horas. Quem joga futebol durante todo esse tempo? Ou almoça com a mãe por dezesseis horas? Ou fica tanto tempo em um aniversário? A resposta é simples: ninguém.

E ali, olhando para a minha amiga, percebi que o príncipe encantado tinha um grande defeito, e era um dos mais graves.

ELE NÃO SE IMPORTAVA COM ELA. PORQUE, SE ELE QUISESSE VÊ-LA DE VERDADE, DARIA UM JEITO.

Ele transformaria o impossível em possível só para ficar cinco minutos ao lado dela. Ele só não estava a fim de fazer isso. Por isso, digo e repito: quem te quer por perto vai dar um jeito. Vai transformar a segunda-feira em sábado só para te encontrar. Do mesmo jeito, quem não faz questão de você vai inventar mil e uma desculpas para não estar por perto. Todo mundo dá sinais. Cabe a nós captá-los.

SOBRE UM AMOR QUE ERA PARA SER PELO RESTO DA VIDA, MAS NÃO FOI

Hoje recebi uma notícia que me fez refletir sobre muitas coisas da minha vida. O ex-namorado de uma grande amiga iria se casar com outra. Fiquei alguns minutos parada, pensando e analisando aquela informação que havia chegado até mim. Casar com uma pessoa, na teoria, significa desistir de outra. Por que ele tinha desistido da minha amiga? Como eles não iriam viver tudo aquilo que ainda tinham para viver?

Me lembrei de como eles eram iluminados, felizes e sonhadores juntos. Me lembrei de alguns dos milhares de vezes em que escutara os dois falarem sobre seus planos. Eu sonhei muitas daquelas ideias com eles. E do nada. Fim. Acabou. Cada um seguindo o seu próprio caminho. Sem

Só o recíproco me interessa

realizar sonhos. Sem comprar aquela casa bonita na praia de Itacoatiara. Sem passear com o cachorro toda manhã. Sem viagens românticas pelo menos uma vez ao ano.

Com tudo isso que aconteceu, cheguei a uma conclusão: nem todo amor é eterno, mas isso não significa que não tenha sido amor. Os planos mudam. As pessoas também. Os dias passam. E os sentimentos também. Eu sei que em algum momento aquilo que eles sentiram era amor. Um amor puro, jovem e inconsequente. Um amor que todo mundo gostaria de ter. Um amor que a gente tinha certeza de que seria para o resto da vida, mas não foi.

E SE?

Outro dia encontrei a sua irmã no supermercado. Eu até tentei me esconder atrás de uma pilha de cervejas, mas já era tarde demais. Ela tinha me visto. Logo depois, deu um sorriso, e eu não pude fazer outra coisa a não ser dizer um "oi". Mentalmente, torci para que ela não falasse sobre você. Mas não teve jeito. Ela acabou citando o seu nome e comentou sobre como anda a sua vida desde que tudo acabou. É tão estranho quando falam da sua vida para mim. Na verdade, estranho mesmo é não fazer mais parte dela.

A minha vontade era fugir daquele lugar e deixar sua irmã falando sozinha. Eu sei que parece estranho e uma tremenda falta de educação, mas é que já faz um tempo que estou fugindo de tudo

Só o recíproco me interessa

que me lembra você. Acho que assim fica menos difícil te esquecer. Estou tentando, sabe? Estou tentando fazer aquilo de seguir em frente.

E, NESSA DE SEGUIR EM FRENTE, SEMPRE QUE FALAM SOBRE VOCÊ, ME SINTO MAL. TENHO EVITADO TOCAR NO SEU NOME E JÁ DISSE PARA OS AMIGOS MAIS PRÓXIMOS QUE NÃO QUERO SABER MAIS NADA DA SUA VIDA.

Se souberem de algo, não quero que me contem. Acho que assim fica mais fácil tirar você de dentro de mim.

A verdade é que, quando falam de você, sou invadida por vários "E se?". E se a gente tivesse insistido mais um pouco? Será que teria dado

Carolina Monsi

certo? E se a gente tivesse dado certo? Será que a gente teria feito aquela viagem sem rumo? E a casa branca? Será que a gente moraria lá? E se eu não tivesse aquela mania chata, será que a gente ainda estaria junto? E se eu te mandasse uma mensagem agora, será que a gente tentaria de novo? E se a gente tentasse de novo? Será que a gente seria feliz?

A pior parte do fim de um grande amor são as perguntas que ficam sobre aquilo que não ficou. Mas estou tentando não pensar tanto nessas perguntas. E é por isso que sempre evito tocar no seu nome e na nossa história. Sempre evito falar sobre aquilo que ainda dói. Estou mesmo tentando aceitar o nosso fim. Mas, quando falam de você, me pergunto como terminamos assim.

É TÃO ESTRANHO
QUANDO FALAM DA SUA
VIDA PARA MIM.
NA VERDADE,
ESTRANHO MESMO
É NÃO FAZER MAIS
PARTE DELA.

AMORES NÃO CORRESPONDIDOS – E POR QUE ELES NÃO VALEM A PENA

Um dos caras que mais amei na vida não me amou. E por muito tempo quis saber o motivo. Ficava me culpando, me cobrando e sendo dura comigo. Vivia me perguntando o que tinha feito de errado. Será que eu era muito baixa? Será que me vestia mal? Ou será que eu simplesmente não era boa o suficiente?

Amar sozinha é uma das coisas mais dolorosas que existem. Oferecer o seu melhor para alguém, e essa pessoa não querer, machuca. Oferecer o seu mundo, e esse alguém olhar e recusar, dói. E isso acontece porque reciprocidade não é regra. Não é porque amamos muito alguém que essa pessoa tem a obrigação de nos amar de volta. Infelizmente, não é assim que acontece na vida.

Só o recíproco me interessa

Me lembro de que eu ficava insistindo. Indo atrás. Tentando fazer com que ele ficasse mais um pouco. Tentando fazer com que ele gostasse de mim de verdade. E aquilo doía tanto... Se esforçar para provar que você vale a pena é uma das piores coisas que existem. Lembro que ele sempre me procurava tarde da noite depois de curtir uma balada com os amigos. E muitas vezes eu aceitava aquele telefonema bêbado e o pedido dele para nos encontrarmos. Eu literalmente era a segunda opção. Um fim de noite. Aceitei tão pouco. Acreditei que o amor que eu sentia era uma justificativa para aceitar as migalhas que ele me dava. Mas eu estava errada. E só me machuquei com essa história.

SÓ ME MACHUQUEI POR INSISTIR EM UMA COISA QUE NÃO ERA RECÍPROCA. POR ISSO DIGO QUE, QUANDO NÃO É CORRESPONDIDO, O AMOR MACHUCA.

Carolina Monsi

É que o amor fica difícil, doloroso e complicado. E o amor não deve ser complicado. O amor não deve fazer mal. Pelo contrário, deve sempre ser uma coisa boa. E, quando esse sentimento é recíproco, já é meio caminho andado.

SE ACABOU, ERA MESMO AMOR?

Quando eu era mais nova, tive o meu primeiro namorado. Foi uma relação que terminou por diversos motivos. Certo tempo depois do fim, me senti vitoriosa porque tinha finalmente conseguido superar a relação. Escutei de diversas pessoas que, se eu tinha conseguido superar e seguir em frente, então aquilo que sentia não era amor de verdade.

Isso me deixou chateada. Como alguém poderia julgar o meu sentimento dessa forma? Ei, só eu sei o que se passa aqui dentro! E sei que durante muitos anos eu amei aquele cara, ainda que nós não estivéssemos mais juntos. E sei que aquilo que eu sentia era amor. Só que, por diversos motivos, deixou de ser.

Carolina Monsi

Me incomoda ouvir algumas pessoas dizerem que, se o relacionamento terminou, então não era amor. Muitas vezes era amor, sim. Só que, para fazer um namoro ou um casamento dar certo, só o sentimento não basta. Há um milhão de outras coisas que devem existir em um relacionamento. É óbvio que o amor é importante, mas não é só ele que garante que vai dar certo. Você pode amar e ser amado por uma pessoa, mas, se ela não ficar feliz com suas vitórias, vai dar errado. Do mesmo jeito, se a outra pessoa não te respeitar, não vai durar muito. Portanto, só o amor não basta para fazer dar certo. E, quando alguns relacionamentos terminam, às vezes não é por falta de amor.

ME INCOMODA OUVIR ALGUMAS PESSOAS DIZEREM QUE, SE O RELACIONAMENTO TERMINOU, ENTÃO NÃO ERA AMOR. MUITAS VEZES ERA AMOR, SIM. SÓ QUE, PARA FAZER UM NAMORO OU UM CASAMENTO DAR CERTO, SÓ O SENTIMENTO NÃO BASTA.

A MISSÃO DE CURAR O SEU CORAÇÃO É SUA

Eu sei. Terceirizar essa missão parece muito mais fácil, né? É muito mais simples pedir para outra pessoa catar os caquinhos, limpar o que ficou e curar a gente. É muito mais fácil emendar um amor no outro e fingir que nada aconteceu. É muito mais simples substituir uma pessoa do que se empenhar em cuidar das cicatrizes que ela deixou. Mas não sei até que ponto isso é certo. Será que é justo pedir para alguém, que acabou de chegar, que arrume a bagunça que ficou no seu coração? Será que é certo delegar uma função que, lá no fundo, você sabe que é sua?

Eu não consigo achar isso justo. Para mim, a responsabilidade de reconstruir o seu coração, de superar o fim daquele relacionamento ou o pé na

Só o recíproco me interessa

bunda que aquela pessoa te deu é sua. Não é legal passar essa responsabilidade para outra pessoa.

NÃO É JUSTO ESPERAR QUE ALGUÉM CURE OS MACHUCADOS DE UM ANTIGO AMOR. VOCÊ É QUE TEM QUE FAZER ISSO.

Essa missão de curar o seu coração é sua. E só sua. É uma daquelas coisas que apenas você pode fazer por si mesmo.

Caso contrário, nada tira da minha cabeça que você vai usar um amor para esquecer outro. Nada tira da minha cabeça que você vai substituir um amor por outro. E amores, cá entre nós, não são substituíveis. E fora que, nessa brincadeira, você ainda pode machucar quem está chegando. Quem está com sede de viver um amor com tudo a que tem direito. Quem está esperando alguma coisa boa de você. A verdade é que você pode encontrar alguém que esteja pronto para te amar, mas você pode não estar pronta para amar essa

Carolina Monsi

pessoa de volta. Quando a vaga do nosso coração já está ocupada, ninguém consegue entrar lá.

Se o seu coração foi partido, sinto te dizer, apenas você pode consertá-lo. A única pessoa que pode superar essa decepção é você. Então, não importa se o seu coração foi partido em dois, três ou quatro pedaços, a missão de juntar pedacinho por pedacinho é sua. E só sua. Lembre-se de que antes a gente limpa a casa, só depois que a gente recebe visita.

HORA DE DIZER ADEUS

É cedo, de manhã, e eu estou na sua cidade. Hoje é meu último dia neste lugar que tanto faz com que eu me lembre de você. Mais uma vez as coisas não saíram como eu esperava. Acredite, não foi uma surpresa para mim. Há tempos não consigo esperar nada de bom entre nós dois. Nesses dias todos em que estive aqui, brinquei de fingir que não me importava. Mas deixa eu te contar uma coisa: ainda me importo. E como me importo com a gente! E, olha, sei que foi melhor assim, eu aqui e você aí. Antes, o que nos separava era distância física, mas, hoje, se existe uma distância, é a espiritual.

É estranho admitir isso, mas sou mais feliz sem você. E logo você, que já me fez dar tantos

Carolina Monsi

sorrisos e me fez chorar de emoção. É impossível entender esse "amor", se é que esse sentimento seja um. Preciso confessar que meu coração está apertadinho de saber que você está a poucos metros de mim e que não posso te encontrar. Não posso porque essa história já foi longe demais e já me machucou muito. Já não vale mais a pena.

É preciso saber a hora de sair da vida de quem a gente ama, ainda que isso seja inimaginável. Mas confie em mim, vai ser melhor assim. Nossas vidas serão melhores assim. É como se uma parte de mim te quisesse por perto, e a outra, nem tanto. A outra sabe que você já não me faz tão bem assim. E eu passo o tempo inteiro tendo que escolher uma dessas partes. Algumas vezes, faço a escolha errada, você sabe. Mas o que eu quero mesmo que você saiba é que amar também é ir embora. É perceber que alguns sentimentos, por mais bonitos que sejam, já não valem mais a pena. É colocar em uma balança o seu amor e a sua dor. E perceber o lado que pesa mais para tomar uma atitude. Não te amo menos porque vou embora. Talvez eu até te ame mais.

MAS O QUE EU QUERO MESMO QUE VOCÊ SAIBA É QUE AMAR TAMBÉM É IR EMBORA. É PERCEBER QUE ALGUNS SENTIMENTOS, POR MAIS BONITOS QUE SEJAM, JÁ NÃO VALEM MAIS A PENA.

VOCÊ NÃO PRECISA ESQUECER AQUELA PESSOA

A gente não esquece um amor. Isso é impossível. É impossível esquecer quem um dia foi a razão das suas borboletas no estômago e dos seus sorrisos mais bonitos. É impossível esquecer alguém com quem você prometeu compartilhar a vida e com quem planejou fazer uma viagem bacana pela América Latina. É impossível esquecer alguém que você amou verdadeiramente. Que você amou o jeito, o cabelo, as qualidades e até os defeitos. É impossível se esquecer de alguém que você decorou cada parte do corpo e que te fez gargalhar até com piadas sem graça.

Acho que o erro de muita gente é este: querer esquecer. Você não precisa esquecer nada. Não precisa esquecer aquela volta na praia nem a primeira vez que ele te beijou. Não precisa esquecer as vezes que você se sentiu dele. Parte dele. Não precisa esquecer quando ele te deu rosas. Pode ser que você nem gostasse de flores, mas, mesmo assim, ficou tão feliz... O amor tem dessas coisas. Você não gosta do presente, mas gosta da pessoa. E isso te faz gostar do presente só porque foi dado por ela. Confuso? É o amor. É assim mesmo.

MAS PRESTE ATENÇÃO: NÃO FOQUE EM ESQUECER. NÃO HÁ O QUE SER ESQUECIDO, MAS SIM SUPERADO.

Você pode superar e guardar todas essas lembranças deliciosas em uma caixinha no seu coração. Porque a verdade é que elas vão fazer parte de você para sempre. Por mais que você não queira, elas vão.

VOCÊ VIROU O MEU PASSADO

O mais engraçado de quando a gente termina um namoro é como as pessoas fazem questão de nos lembrar dele. Neste último mês, encontrei alguns conhecidos que comentaram sobre você. Falaram que te viram lá naquele bar aonde a gente ia toda sexta-feira. Falaram que você finalmente fez aquela viagem que sempre sonhou. Falaram que você parecia estar bem. Eu escutei tudo isso, mas a verdade é que não queria saber de você. Saber da sua vida pelos outros me mostra o quanto a gente falhou.

Então é isto: não quero saber se você já tem outra namorada. Se ela é boa em matemática e detesta ver jogos de futebol com você aos domingos. Não quero saber se você ainda tem

Só o recíproco me interessa

aquela mania de só conseguir dormir com a televisão ligada nem se ainda gosta de comer pão de queijo com goiabada. Não quero saber se você finalmente conseguiu passar na matéria daquele professor chato ou se foi promovido no trabalho. Não quero saber se aqueles pensamentos confusos ainda estão na sua cabeça. Não quero saber se você anda bebendo mais do que o normal nem se voltou a fumar aquele cigarro fedorento. Eu não quero saber.

NÃO É QUE NÃO ME IMPORTE COM VOCÊ. EU ME IMPORTO DEMAIS. E QUERO QUE VOCÊ SEJA MUITO FELIZ.

É que é muito estranha a sensação de saber da sua vida por meio de outras pessoas. Há um tempo eu estava lá: assistindo a tudo de perto, ao seu lado, e vibrando por você. É tão ruim estar longe... É tão ruim me dar conta de que nossos planos juntos serão, para sempre, somente planos.

Carolina Monsi

E nossos sonhos serão só sonhos perdidos em algum lugar aqui dentro. É tão doloroso perceber que não tenho mais você. É ruim perceber que você virou aquilo que eu mais temia. É... Você virou o meu passado.

QUANDO A SAUDADE APERTAR, VOCÊ VAI SE LEMBRAR DE MIM

Vai chegar o dia em que você vai se lembrar de mim. Seja porque viu no ônibus uma menina parecida comigo, seja porque escutou aquela música brega de que eu gostava, seja porque bebeu um café naquela cafeteria da esquina. Seja porque alguém falou de mim na rua ou porque esbarrou com aquela minha tia fofoqueira. Uma hora ou outra, você vai pensar em mim.

E junto a esse pensamento virá uma sensação estranha. Uma mistura de saudade com um "não saber". Não saber por onde eu ando, com quem estou ou o que estou fazendo. Você vai sentir um aperto no peito, e respirar vai se tornar mais difícil do que o normal. Você vai pensar em mim. Vai se lembrar da época em que a gente se amava

Carolina Monsi

e achava que duraria para sempre. A gente tinha tanta certeza da gente.

Quando sentir a minha falta, você vai se lembrar do meu sorriso, das minhas piadas e do jeito que o meu corpo se encaixava perfeitamente no seu. Vai se lembrar daquela vez que a gente foi flagrado furando a fila do cinema e teve uma crise de riso por causa disso.

Vai se lembrar de quando você se declarou para mim na frente de todo mundo, e eu fiquei morrendo de vergonha. Vai se lembrar da época em que a gente passava noites em claro conversando e vendo o meu filme favorito. Vai se lembrar da nossa conexão e vai querer entender como ela acabou. Vai olhar para o outro lado da cama e se dar conta de que estou fazendo falta ali. Quando a saudade apertar, você vai se lembrar de mim.

VOCÊ VAI PENSAR
EM MIM. VAI SE
LEMBRAR DA ÉPOCA
EM QUE A GENTE
SE AMAVA E ACHAVA
QUE DURARIA
PARA SEMPRE.
A GENTE TINHA TANTA
CERTEZA DA GENTE.

NÃO FOI FÁCIL TE ESQUECER

Não foi fácil te esquecer. Não mesmo. Não foi fácil ter que fingir que estava tudo bem quando eu estava destruída por dentro. Não foi fácil aceitar que você me fazia mal. Não foi fácil perceber que eu estava sozinha na nossa relação. Não foi fácil colocar um ponto-final em algo que eu queria que durasse para sempre. Não foi fácil abandonar todos aqueles nossos planos e sonhos e tomar a decisão de sair da sua vida.

Mas eu tomei. Decidi te esquecer. Decidi não permanecer onde não havia mais reciprocidade. Decidi sair de onde não havia mais amor. Decidi abandonar aquilo que já não estava me fazendo bem. Mas, olha, não foi fácil. Não foi fácil ter que ignorar o seu sorriso e também as suas tentativas

Só o recíproco me interessa

de tentar falar comigo. Não foi fácil receber as suas mensagens e não responder. Não foi fácil ter que fingir que eu não sabia mais nada sobre a sua vida. Não foi fácil passar por você na rua e ignorar. Foi difícil. Difícil demais.

**MAS HOJE SEI
QUE FIZ O MELHOR
PARA MIM.
E TE ESQUECER
FOI O MELHOR
PARA MIM.**

QUANDO O AMOR É RECÍPROCO

Quando o amor é recíproco, é fácil, é simples e é leve. Quando é recíproco, não existem dúvidas nem desculpas esfarrapadas. Não existe aquele sentimento de ser deixado para trás nem de ser a segunda opção. É que, quando o amor é recíproco, existe respeito e muita vontade de fazer dar certo. Existe esforço dos dois lados. As duas pessoas se doam e fazem questão de estar juntas.

A verdade é que tudo fica muito mais simples quando é recíproco. A reciprocidade é aquilo que faz as coisas fluírem e darem certo. Sem ela, nada funciona. Sem ela, o amor fica difícil e doloroso. Machuca. Além disso, quando o amor é recíproco, você não se diminui para caber no outro.

Só o recíproco me interessa

O abraço encaixa e a sintonia flui naturalmente. E aí você sente que pode ser você mesma. Quando é amor recíproco, você se sente à vontade, quase em casa.

É fácil saber quando o amor é recíproco e quando não é. O amor é recíproco quando você não tem que insistir, correr atrás ou pedir para fazer parte da vida da pessoa. Quando é amor recíproco, a pessoa se importa e por isso te quer por perto. Você não tem que implorar por espaço, atenção, carinho... Por nada disso. Quando o amor é recíproco, é tudo natural. É tudo fácil. É tudo simples. E é exatamente desse jeito que o amor deve ser. Sempre. Caso contrário, ele machuca.

SOBRE INSÔNIA, SONHOS E VOCÊ

É quase uma hora da manhã e eu não consigo dormir. Estou aqui revirando na cama de um lado para o outro sem achar uma posição confortável. Estou tentando ignorar os meus pensamentos. Tentando fugir de você. Não consigo. Hoje pensei em você o dia todo. Na verdade, sonhei com você. Isso não é tão comum assim. Acredite: tenho ido bem nessa missão que é te superar. Tenho realmente tentado seguir em frente e te deixar ali, quietinho, no meu passado. Nem escrevo mais tanto sobre você, sabia? Isso já mostra o quanto estou conseguindo. Você sabe que sempre gostei de escrever sobre nós. Na verdade, a gente até brincava que eu não escrevia sobre o amor, escrevia sobre você.

Só o recíproco me interessa

Esse sonho me lembrou de que não sou mais a pessoa com quem você pode contar. Não sou mais a pessoa para quem você corre quando algo de ruim acontece ou para quem você conta uma notícia boa. Não sou mais a sua pessoa. E você também não é mais a minha. Eu estava conseguindo seguir a minha vida. Juro que estava. Mas confesso que esse sonho me deixou meio balançada. É que esse sonho me trouxe meia dúzia de lembranças boas, mas que quero esquecer. Me trouxe também uma agonia grande por saber que não tenho mais você aqui. Essa agonia quase me fez te ligar para falar quanto a sua falta me doeu hoje. Até fui ver se eu tinha o seu número ainda. Agradeci mentalmente por não tê-lo mais e por tê-lo excluído durante uma crise de choro qualquer. Até que crises de choro valem para alguma coisa.

Com esse sonho, me veio também a saudade de uma época que sei que não vai voltar. Aquela época em que eu corria para casa depois do cursinho para poder te ligar. Aquela época em que a gente percorria quilômetros e mais quilômetros só para poder se encontrar. Aquela época em que a gente jurava que iria descobrir o mundo

107

Carolina Monsi

juntos e faria dar certo. Lembrar tudo isso me dá um aperto no peito. Uma sensação horrível de que a gente se perdeu. Em algum momento, a gente se perdeu da gente. E me vem uma sensação de que você não faz mais parte do meu dia a dia. Não sei como você está. Não sei se está bem. Não sei quais são os seus novos sonhos nem se realizou os antigos. Não sei. E acho que isso é o que mais me machuca. Não saber mais nada sobre você.

Entrei no seu perfil nas redes sociais. Pensei umas quatrocentas vezes em mandar mensagem, mas resolvi deixar pra lá. Tem coisas que não valem mais a pena. E o nosso amor é uma dessas coisas.

EU ESTAVA CONSEGUINDO SEGUIR A MINHA VIDA. JURO QUE ESTAVA. MAS CONFESSO QUE ESSE SONHO ME DEIXOU MEIO BALANÇADA. É QUE ESSE SONHO ME TROUXE MEIA DÚZIA DE LEMBRANÇAS BOAS, MAS QUE QUERO ESQUECER.

VOCÊ É RESPONSÁVEL PELO AMOR QUE ALIMENTA

Responsabilidade afetiva não é você amar o outro de volta, ser recíproco ou fazer aquilo durar para sempre. Responsabilidade afetiva é dar ao outro o direito de saber onde ele está pisando e quão seguro é esse lugar.

É saber que o que você diz para o outro tem um peso para ele, ainda que não signifique absolutamente nada para você. É saber que o amor que você desperta no coração alheio é uma responsabilidade sua.

Aquela frase de *O pequeno príncipe* nunca fez tanto sentido, né? "Tu te tornas eternamente responsável por aquilo que cativas." E é exatamente isso. Você é responsável pelo amor que alimenta.

Só o recíproco me interessa

Ter responsabilidade afetiva é respeitar. É colocar as cartas na mesa. É ser honesto, verdadeiro e perceber que coração não é lugar para brincadeira. Coração é coisa séria. E deve ser tratado como tal. Ter responsabilidade afetiva é entender que você não deve iludir e não deve falar aquilo que não sente.

É SER TRANSPARENTE PARA NÃO MAGOAR. É SER REAL PARA NÃO MACHUCAR.

Não é errado você não querer nada com a pessoa com quem está ficando. Não é errado você não estar apaixonado por alguém que é louco por você. Não é errado você não querer ou não conseguir corresponder ao sentimento de outra pessoa. Esse é um direito seu. De verdade. Errado é ficar iludindo e dizendo coisas sem sentir aquilo. Errado é ficar alimentando expectativas sem ter a intenção de permanecer. Errado é brincar com um coração que está pronto para te receber. Errado é a pessoa estar apaixonada, e você, sem

Carolina Monsi

ter intenção alguma de ter algo a mais com ela, mantê-la ali. Presa. Seja por egoísmo, por medo de perdê-la, por pena. Por tudo, menos por amor. Isso não é legal. Por isso, lembre-se sempre disto: o amor que você desperta no outro é responsabilidade sua. Precisamos ter responsabilidade afetiva.

ESSA PRESSA DE AMAR VAI FAZER VOCÊ ACEITAR MENOS DO QUE MERECE

Sei que você tem pressa. Sei que você quer viver logo um amor de novela. Sei que você quer sentir aquelas palpitações gostosas no coração. Sei que você quer ter aquelas borboletas voando no estômago. Também sei que você quer alguém que te faça transbordar. Que te faça acreditar. Que te faça amar. Eu sei o quanto você está querendo viver tudo isso que tem direito. Mas preciso te dar um conselho. Beleza?

Cuidado com essa pressa de amar. Ela faz a gente aceitar bem menos do que merece. Na verdade, ela faz a gente aceitar qualquer coisa. E, nessa de aceitar qualquer coisa, o risco de vir algum amor meio bosta é grande. Isso porque, quando a gente tem pressa de amar, qualquer pessoa serve. É como se o nosso coração fosse uma vaga de emprego. Se a empresa tá com pressa, contrata a primeira pessoa que apareceu para se candidatar. E a chance de se dar mal é enorme. Por isso, tome cuidado. Proteja o seu coração como se ele fosse a coisa mais preciosa do mundo para você. Porque, no fim, ele é.

CUIDADO COM ESSA PRESSA DE AMAR. ELA FAZ A GENTE ACEITAR BEM MENOS DO QUE MERECE. NA VERDADE, ELA FAZ A GENTE ACEITAR QUALQUER COISA.

UM DIA O AMOR VAI CHEGAR

Pode ser que aconteça no ponto de ônibus ou na esquina da sua casa. Pode ser que aconteça no meio de uma festa ou no show da sua banda favorita. Pode ser que vocês se conectem imediatamente ou que não se deem bem logo de cara. Pode ser que vocês queiram ir com calma ou não se importem de ir com pressa. Não sei bem como vai ser. Só sei que um dia o amor vai chegar para você.

Pode ser que ele chegue meio torto, afobado, meio perdido ou até machucado. Pode ser que ele ria muito alto ou seja tímido demais para isso. Pode ser que vocês sejam muito parecidos ou completamente diferentes. Pode ser que vocês façam algumas viagens e queiram conhecer o

Só o recíproco me interessa

mundo. Pode ser que vocês morem a vida inteira na mesma cidade. Pode ser que ele goste de praia e você, de montanha. Pode ser que não dê tempo de viver tudo aquilo. Pode ser que dure anos e anos. Pode ser que vocês sejam felizes a vida toda. Pode ser que vocês sejam felizes por um tempo. Pode ser que dure para sempre. Pode ser que dure uma semana. Pode ser que dure um momento. Pode ser que não dure.

NÃO VOU MAIS ESPERAR POR VOCÊ

Confesso que eu esperava que você fosse mudar de ideia. Que você fosse acordar em um dia qualquer e perceber que o "tal amor da sua vida" era eu. Esperava que você fosse tentar fazer a gente dar certo outra vez. Esperava que você fosse me procurar, mandar um buquê de flores no meu trabalho ou fazer uma postagem fofa pelo Instagram. Esperava que você fosse esbarrar comigo na rua de propósito ou que fosse me chamar para conversar. Esperava um sinal. Esperava qualquer coisa que demonstrasse que você ainda se importava comigo.

Esperava que você fosse me ligar para contar como tinha sido o seu dia ou para saber como tinha sido o meu, mas acho que você não quis

Só o recíproco me interessa

saber. Esperava que você fosse lutar por mim, mas não lutou. Esperava que fosse voltar dizendo que eu era a coisa mais importante do mundo para você, mas não fez isso. Fiquei meses e meses te esperando voltar e entrar por aquela porta. Parei a minha vida para você voltar. Fiz até promessa para ter você aqui. Montei o cenário perfeito para te receber de volta. Mas agora preciso encarar os fatos: você não voltou. E provavelmente não vai voltar.

Depois de meses e meses esperando, a minha única opção agora é seguir em frente. Sei que esse é o melhor caminho para mim. Honestamente, não aguento mais te esperar. Não aguento mais sofrer. Seguir em frente é sempre mais simples e mais bonito na teoria. Na prática, é difícil. É difícil deixar a nossa história para trás.

É DIFÍCIL ME ACOSTUMAR A FICAR SEM VOCÊ. É DIFÍCIL DESISTIR DA GENTE. MAS VOU CONSEGUIR.

Carolina Monsi

Sei que não sou a única pessoa que já teve o coração partido no mundo. Outras pessoas passaram por isso e hoje estão bem. Então é isso: vou ficar bem também. Vou juntar caquinho por caquinho e ficar inteira de novo. Com ou sem você, vou ficar bem.

ALGUÉM ME DISSE

Alguém me disse que você seguiu em frente e está mais risonho. Alguém me disse que você conheceu uma garota bonita no bar em uma noite de sábado. Alguém me disse que vocês dançaram a noite toda e no fim você a beijou. Alguém me disse que a sua vida está boa, que você conseguiu um emprego melhor e agora trabalha com o que gosta. E eu lembro que essa sempre foi a sua vontade.

Me lembro também de você me contando os seus sonhos mais remotos enquanto estávamos deitados na sua cama de solteiro. Eu podia ver seus olhos brilharem. Alguém me disse que você conseguiu realizar grandes sonhos nos últimos meses. Alguém me disse que você ainda me ama.

Carolina Monsi

E que isso te persegue e te incomoda no meio da madrugada. Alguém me disse que a insônia tem sido sua companheira fiel. Deve ser por causa do café que você tem tomado em excesso. Confesso que achei estranho. Você nunca foi muito adepto da cafeína. Me dizia que aquilo era uma droga e fazia mal, enquanto eu tinha na mão a minha caneca do Mickey lotada de café.

Alguém me disse que você sente falta das minhas piadas. Me lembro do quanto você ria até mesmo das coisas mais simples do dia a dia. Acho que era felicidade. Alguém me disse que você queria que eu voltasse, ou melhor, que eu não tivesse nem partido. Me pergunto, sozinha e a quilômetros de distância de você: será isso possível? Alguém me disse que sim. E é por isso que estou a caminho do aeroporto para pegar o próximo voo de volta para casa. De volta para você. O céu está lindo e são mais ou menos dezenove horas. Me agarro a lembranças boas de um passado que já não sinto tão distante assim. Ele está aqui. Ele vive. Ele é você.

ALGUÉM ME DISSE QUE VOCÊ QUERIA QUE EU VOLTASSE, OU MELHOR, QUE EU NÃO TIVESSE NEM PARTIDO. ME PERGUNTO, SOZINHA E A QUILÔMETROS DE DISTÂNCIA DE VOCÊ: SERÁ ISSO POSSÍVEL?

O QUE FICOU DO QUE NÃO FICOU

Você foi embora, mas eu ainda me lembro do seu cheiro. Ainda me lembro da maneira como você me abraçava. Ainda me lembro do seu mau humor matinal e daquelas piadas bobas que você me contava. Você foi embora, mas deixou para trás aquela sua camisa jeans de que você tanto gosta. Mas não foi só isso que ficou por aqui. Também ficaram espalhadas pela sala lembranças de tudo o que vivemos. Ficaram também tudo o que queríamos viver e não conseguimos. Você esqueceu todos os nossos sonhos aqui.

Eu guardo nesse lugar o nosso primeiro beijo. Guardo também todas aquelas risadas que demos em dias comuns. Guardo aqui o modo como você me olhava, o sorriso que me dava e o seu amor.

Só o recíproco me interessa

Guardo também a saudade. Ela tem sido uma grande companheira desde que tudo chegou ao fim. E o que ficou do que não ficou foi exatamente isso. Saudade e lembrança. Lembrança de uma época que, por mais que eu queira, não volta mais. Lembrança de uma pessoa que, por mais que eu ame, não quis ficar.

UM CAFÉ DUPLO, POR FAVOR

Ela acorda cedo em um domingo comum. Fica ali rolando e enrolando na cama por algum tempo. Por fim, se levanta. Coloca uma roupa de frio qualquer e vai para a cafeteria da esquina. Um café duplo. É esse o pedido dos últimos meses. Agradece à gentil atendente e senta à mesa perto da porta.

Para onde ir depois? Ela se questiona mentalmente, enquanto observa os vários carros andando com pressa e circulando pela rua. Não havia lugar para ir. Na verdade, havia. Para a casa de um antigo amor, mas ela logo desistiu da ideia. Onde já se viu bater à porta dele, depois de tanto tempo? Ela queria ir, mas aquilo já não fazia mais sentido algum.

Talvez ele já estivesse com uma garota que não entende nada de literatura nem de matemática. Talvez já estivesse morando em um novo endereço. Talvez nem se lembrasse mais dela. Foram tantas as incertezas que a fizeram desistir.

POR QUE ESTAVA PENSANDO EM IR ATÉ LÁ, DEPOIS DE TANTO TEMPO? SERÁ QUE AINDA EXISTIA AMOR? SERÁ QUE ALGUM DIA HAVIA DEIXADO DE EXISTIR?

Aquela costumava ser a cafeteria a que eles iam quase todas as manhãs. Era como se fosse a cafeteria deles, ou algo do tipo. Conheciam todos os funcionários que trabalhavam ali, e todos os conheciam. Ela observava insistentemente a porta. Como se ele fosse aparecer, mas ele não faria isso. E ela sabia. Na verdade, ele nunca mais foi àquela cafeteria. Ela ainda ia todos os dias.

Carolina Monsi

Aquela era só mais uma dessas histórias que terminam pela metade e sem explicação. Uma dessas histórias que foram quase uma história de amor. Uma dessas histórias que deixam marcas profundas e insônias sem fim. Deixam pensamentos e um café esfriando na cafeteria.

AS CARTAS QUE NÃO TE ENTREGUEI

São quase duas da manhã e estou naquele sofá velho, de que você tanto gostava, fazendo mais um texto para você. Tenho comigo uma xícara de café que já esfriou e lembranças que não me deixam te esquecer. A insônia tem sido uma amiga desde que você foi embora. E estou aqui tentando, pela milésima vez, te escrever uma carta ou algo que faça com que você volte.

Talvez eu devesse ter te enviado mais cartas ou aparecido na sua casa de madrugada. Você adorava quando eu tocava a campainha e aparecia de surpresa. Lembra? Você vinha sorrindo, e aquele sorriso permanecia até eu ir embora. Nunca te disse, mas era tão bom ter você por perto. Até mesmo quando a gente brigava, eu batia a porta do seu apartamento com força e ia embora sem mais nem menos. Eu gastava tudo o que havia aprendido naquele cursinho de teatro. Queria ser atriz, você sabe. Talvez eu ainda queira.

E você? O que quer? Ainda pensa em ser músico e toma café todos os dias naquela padaria? É que faz tanto tempo, né? Não tenho mais como saber. Só posso perceber como as coisas estão diferentes agora. Você em um lado e eu em outro. E penso, em madrugadas frias como esta, em todas as coisas que ficaram para ser ditas. Nunca te falei quanto eu gostava de te ouvir cantar.

VOCÊ DECORAVA MINHAS MÚSICAS FAVORITAS SÓ PARA ME DEIXAR FELIZ, MESMO QUE NÃO GOSTASSE TANTO DELAS. MAS VOCÊ GOSTAVA DE MIM. E ISSO JÁ ERA MOTIVO SUFICIENTE PARA VOCÊ DECORÁ-LAS.

Só o recíproco me interessa

Nunca te disse também o quanto gostava de ter você na minha vida. E, para falar a verdade, acho que só percebi isso no momento em que você foi embora. Só percebi quanto o seu abraço era bom depois de perdê-lo.

Sinto muito nunca ter dito o que você queria ou merecia ouvir. Não foi culpa sua. Foi minha. Ainda é. Sei que esperava bem mais de mim. Você esperava que eu te pedisse para ficar quando se levantou e bateu a porta da minha casa. Quem dava show ali sempre era eu, você sabe. Talvez por isso não entendi o que significava você ir embora daquela forma. Só assisti àquilo apática e deixei a gente acabar, como se a nossa relação não fosse importante.

Não fiz nada quando você foi embora. Sei que deveria ter me levantado e pedido para você não ir. Deveria ter te dito o quanto acreditava na gente e o quanto queria que nosso relacionamento desse certo. Podia ter te falado que todos os textos que você encontrava espalhados no meu quarto eram para você. Eu sempre negava quando me perguntava, e nem sei o porquê. Devia ter te enviado as cartas que te escrevi, mas não fiz isso. Talvez eu te envie esta.

Carolina Monsi

Eu deveria ter dito que a melhor parte da minha semana era quando te encontrava. Eu deveria ter te falado tanta coisa, mas não consegui. Acho que tive medo ou algo parecido. E posso te contar outra coisa? Nem sei exatamente em que momento te perdi. Algo me diz que não foi quando você foi embora. Acho que foi bem antes. Não sei quando nem onde te perdi. Se eu soubesse, tentaria te encontrar. Mas a única coisa que vejo aqui é um sentimento de culpa, que me lembra a todo o momento que eu devia ter feito algo por nós.

NUNCA TE DISSE
TAMBÉM O QUANTO
GOSTAVA DE TER
VOCÊ NA MINHA VIDA.
E, PARA FALAR A
VERDADE, ACHO QUE
SÓ PERCEBI ISSO
NO MOMENTO EM QUE
VOCÊ FOI EMBORA.
SÓ PERCEBI QUANTO O
SEU ABRAÇO ERA BOM
DEPOIS DE PERDÊ-LO.

SOBRE
O AMOR

Amor é mala pronta, é café na padaria, é uma passagem só de ida. Amor é um minuto, é beijo na testa, é intimidade. É um pedido de desculpa, é cinema às segundas, é tocar a campainha. Amor é sussurro no ouvido, é beijo roubado, é beijo demorado. É beijo guardado, que é beijo esperado. Amor é contar os segundos, é não querer desligar o telefone, é um abraço apertado quando chega o fim de semana. Amor é uma risada alta que se tornou a sua favorita e você nem percebeu.

Amor é ligar de madrugada, é um encontro no bar da esquina, é dormir na casa. Amor é correr atrás, é uma risada demorada, é desejar um bom-dia para quem você ama. Amor é saudade,

Só o recíproco me interessa

é fim de tarde, é beijo na chuva. Amor é beijo no armário, é cama desarrumada, é cabelo molhado. Amor é uma coincidência. Amor é uma canção que você escuta todo dia. Amor é bilhete, é cuidado, é mensagem de boa-noite. Amor é viajar, é despedir-se, é voltar. Amor é ioiô. Seja como for, que seja amor.

AMOR É QUERER FICAR E QUERER QUE O OUTRO NÃO VÁ EMBORA. É QUERER ESTAR JUNTO, É RIR ALTO E SEM MOTIVO.

Amor é pensar em conjunto, é despedida e é recomeço. É detalhe, elogio e felicidade. Amor é somar e compartilhar sonhos. É tranquilidade, paz e frio na barriga. Amor é alegria, é calmaria, é ter uma pessoa favorita no mundo. Amor não precisa ser perfeito, basta ser amor.

EU SÓ QUERIA QUE VOCÊ SOUBESSE QUE SINTO A SUA FALTA

Eu precisava que você soubesse que sinto a sua falta. E antes que você pense qualquer coisa: não, eu não quero a gente de volta. Entendo que tudo aconteceu como precisava ter acontecido. Não quero que você volte a ser a minha pessoa favorita no mundo. Não quero reviver os nossos momentos bons, nem os ruins. Só quero te dizer que você me faz falta.

E isso não é um pedido para você voltar. Não quero isso. Sentir falta não significa querer de volta. Sinto saudade, mas hoje entendo que é melhor assim. Você aí e eu aqui. Cada um seguindo a sua vida. Cada um com o seu rumo. E é normal que eu sinta saudade, afinal, você fez parte da minha vida. Você me ajudou quando

Só o recíproco me interessa

precisei, era o meu abrigo quando quase desmoronei, você era a primeira pessoa com quem eu queria conversar assim que acordava. Você foi importante para mim, não posso negar. Não posso simplesmente passar uma borracha em tudo o que aconteceu e te esquecer.

E hoje bateu vontade de saber como você está, se está feliz, se está bem, se está seguindo. Entrei na sua rede social. Você parece mais velho, mais maduro, talvez. Quase mandei mensagem. Pensei melhor. Desisti. Você sabe bem o porquê. Talvez essa vontade de saber como andam as coisas tenha sido só curiosidade. Mas eu continuo acreditando que pode ser ela: a saudade.

AS CORES
DE DEZEMBRO

"Dezembro nunca foi tão cinza." A pichação em um muro qualquer logo me chamou a atenção. Para muitos, aquelas palavras não significam absolutamente nada, mas para mim foi diferente. Uma palavra daquela frase dizia tudo para mim: dezembro. Aquele costumava ser o nosso mês. O mês que era tão esperado por nós, hoje é só mais um de tantos no calendário. O que era artigo definido indefiniu-se nessa confusão. O que era nós tornou-se eu, e o que era eterno virou passado.

Quero deixar bem claro que meu objetivo não é te esquecer ou esquecer dezembro. Meu objetivo é apenas não lembrar. Não me lembrar das risadas e da conversa que pareciam não ter

Só o recíproco me interessa

fim. Não me lembrar do beijo na chuva ou das horas que passamos planejando o não planejado. O meu objetivo é apenas não me lembrar de todas as vezes que o motivo de o meu dia ser bom era você. Não quero mais me lembrar das cores que dezembro costumava ter.

**ESQUECER
É DIFERENTE
DE NÃO LEMBRAR.
NÃO SE ESQUECE
UM AMOR,
GUARDA-SE
UM AMOR.**

Não importa se dezembro não é mais o mesmo, se o nosso amor ainda é. E eu sei que é. Não importa se dezembro agora é cinza, se o nosso amor ainda é colorido. Não importa o que você faça ou o que venha a se tornar, sempre vou amar você. Dezembro será sempre dezembro, ainda que você não saiba disso.

PROCURA-SE UM AMOR QUE GOSTE DE LIVROS

Procura-se um amor que não se importe de conversar sobre a minha personagem favorita durante algumas horas. Procura-se um amor que queira tomar um café duplo enquanto uma música toca ao fundo. Procura-se um amor que queira ser uma boa companhia em uma tarde nublada de domingo. Procura-se um amor que goste de passear no parque às cinco da tarde de um sábado qualquer. Procura-se um amor que queira escrever uma nova página comigo. Uma nova página não, um novo livro, uma nova história. Procura-se um amor que goste de conversas longas e risadas. Procura-se um amor inteiro. De metades já estou cheia. Procura-se um amor que me faça transbordar. Porque completa

Só o recíproco me interessa

eu já sou. Procura-se um amor que queira ficar, que tenha vontade de fazer dar certo e que ainda acredite nesse sentimento. Procura-se um amor que seja leve e dê aquelas palpitações gostosas no coração. Procura-se um amor que queira assistir a uma série no sofá com um balde de pipoca.

Procura-se um amor que tenha cheiro de casa. Com quem eu possa ser eu mesma e me sentir à vontade. Procura-se um amor que tenha bom humor e saiba fazer piada com a própria vida. Afinal, saber rir da gente mesmo é fundamental. Procura-se um amor que ria e me faça rir. Que me faça sentir aquilo que nunca senti. Procura-se um amor que seja o meu frio na barriga. Que seja minha ansiedade de estar junto logo. Procura-se um amor que eu conte as horas para poder encontrar.

PROCURA-SE UM AMOR QUE AINDA ACREDITE QUE ALGO PODE DURAR PARA SEMPRE E QUEIRA FICAR VELHINHO AO MEU LADO.

Carolina Monsi

Procura-se um amor que queira me apresentar com orgulho para os seus amigos, que olhe para mim e se sinta sortudo. Procura-se um amor que queira conhecer o meu mundo. Que queira mergulhar em mim e na minha história. Que não se importe com a minha bagagem. Procura-se um amor que me enxergue, que queira me ver. Que queira me conhecer muito além do meu corpo. Procura-se um amor à moda antiga, que escreva bilhetes e cartas. Procura-se um amor que queira construir uma história bem bonita. Procura-se um amor, e não precisa ser um amor perfeito. Até porque amores perfeitos não existem. Se for recíproco e me fizer bem, já é suficiente. Já é amor.

PROCURA-SE UM AMOR QUE QUEIRA ESCREVER UMA NOVA PÁGINA COMIGO. UMA NOVA PÁGINA NÃO, UM NOVO LIVRO, UMA NOVA HISTÓRIA.

A GAROTA QUE VOCÊ DEIXOU PARA TRÁS

Ficar com você era tudo o que eu mais queria. Foram inúmeras as vezes que desejei que você morasse perto de mim. Quis que você fosse meu vizinho ou que morasse na esquina mais próxima. Ou que me mandasse mensagem dizendo que seu avião havia aterrissado e que estava indo até a minha casa.

Quis fazer uma viagem pela Região Serrana e um mochilão pela América Latina com gosto de romance. Quis ficar na sua casa até o nascer do sol e te dar um beijo de despedida quando chegasse a hora de ir embora. Aliás, quis que não houvesse mais despedidas, apenas chegadas e mais chegadas. Quis que você não fosse. Quis ir com você. Quis enxugar suas lágrimas quando você

Só o recíproco me interessa

precisou de mim. Quis o teu pedido de desculpa. Quis o teu beijo no meio da segunda. Quis ir àquela festa com você. Quis o teu abraço para me aquecer do frio. Sentir o seu hálito quente na minha pele e o seu cheiro no meu travesseiro. Quis ouvir o sussurro da sua voz em meu ouvido.

A QUESTÃO É QUE NÃO VOU MAIS ATRÁS DE VOCÊ. MEU ORGULHO NÃO DEIXA E, SINCERAMENTE, FICO ALIVIADA. NÃO QUERO FAZER ESSE PAPEL. NÃO QUERO SER A GAROTA QUE VOCÊ DEIXOU PARA TRÁS.

Não quero ser o livro que você parou de ler na metade ou o trabalho que ficou por fazer. Quero que saiba que este é só mais um dos textos que escrevi, mas não te mandei. Falta de coragem?

Carolina Monsi

Pode ser. Falta de amor? Jamais. Quis te ligar naquela noite, confesso que quis. Era uma mania minha: te ligar sempre que estava triste. Mas, por ironia do destino, quem me fizera ficar triste foi você. Você, logo você. E para quem eu iria ligar?

Percebi que amores a distância só são bonitos em filmes. A nossa vida não é uma produção cinematográfica. Antes, a distância que nos separava era apenas física. Agora? Agora é bem diferente. Muita coisa mudou, eu sei. Ainda espero algum recado, alguma ligação ou alguma mensagem sua. Espero algo que me mostre que você ainda se importa. Que, de uma forma ou de outra, se importa.

QUIS QUE NÃO
HOUVESSE MAIS
DESPEDIDAS,
APENAS CHEGADAS
E MAIS CHEGADAS.
QUIS QUE VOCÊ
NÃO FOSSE.
QUIS IR
COM VOCÊ.

VOCÊ MERECE VIVER UM AMOR LEVE

Acredito que o amor é uma coisa boa, leve e fácil. Acredito que, se ele machuca, alguma coisa está errada. Não é para ser assim. Amor não é para machucar, para fazer sofrer, nem nada disso. Amor é para fazer bem. Sempre. É claro que nenhum amor é perfeito, mas isso não é motivo para você aceitar qualquer amor meia-boca que apareça no meio do caminho.

A verdade é que o seu coração é valioso. E merece ser entregue a alguém que vá se preocupar em cuidar bem dele. Em te valorizar. Em te respeitar. Alguém que seja inteiro, não invente desculpas descabidas e te trate com a prioridade que você merece. Porque, sim, você merece ser prioridade. Merece alguém que tenha tempo para

Só o recíproco me interessa

você e que faça questão de estar junto. Alguém capaz de transformar a terça em sábado só para poder ver o seu sorriso.

É que você merece viver um amor bom, com alguém que chegue para somar. Para fazer bem. Do jeitinho que deve ser. Alguém que preste atenção em você, queira conhecer o seu mundo e queira permanecer. Você merece viver um amor simples, leve e, principalmente, recíproco. Por isso, não aceite nada menos do que isso. Combinado?

NÃO ACEITE NADA MENOS DO QUE VOCÊ MERECE.

A GENTE TINHA TUDO PARA DAR CERTO

Eu gostava de comer panqueca com pasta de amendoim e banana no café da manhã. Ele também. Eu gostava de cantar igual a uma maluca no chuveiro. Ele também. Eu amava passar as manhãs de domingo enrolada no edredom. Ele também. Ele só gostava de assistir a filmes de terror. E adivinhe só? Eram os meus favoritos também! A gente combinava tanto. A sintonia era tão boa. A gente tinha tudo para dar certo. Ele abria a porta do carro para mim e fazia com que eu me sentisse a mulher mais sortuda do mundo. Eu o lembrava, o tempo todo, do quanto ele era incrível, e ele dava um sorriso meio sem graça cada vez que eu fazia isso. A gente brigava pouco. Bem menos do que a maioria dos casais.

Só o recíproco me interessa

Era tudo muito perfeito. Eu sabia a letra da música favorita dele, e ele sabia como me agradar. Ele gostava de dormir sentindo o meu cheiro, e eu amava fazê-lo feliz. Ele tinha o sorriso mais lindo que eu já tinha visto. A gente tinha tudo para dar certo. Ele era aquele amor que eu sempre quis viver. Ele me fazia sentir como se estivesse em um conto de fadas. A gente tinha planos e pensamentos parecidos. Raramente a gente se desentendia. Dormir brigado? Jamais!

EU ACEITAVA AS MANIAS DELE, E ELE APRENDIA A LIDAR COM OS MEUS MEDOS BOBOS. A GENTE TINHA TANTA VONTADE DE ESTAR JUNTOS...

A gente transformava a segunda-feira numa sexta só para poder ficar perto um do outro. Ele dizia que eu era a tampa da sua panela. Eu achava

Carolina Monsi

aquilo brega, mas mesmo assim sorria com as demonstrações de amor dele.

A gente tinha tudo para ser uma dessas famílias de comercial de margarina, sabe? Mas em algum momento a gente se perdeu. Não sei exatamente o que aconteceu. Já passei muitas noites em claro tentando entender o nosso fim. Tentando entender o nosso desencaixe. Não sei se ele já entendeu. Para mim ainda não faz sentido algum. Talvez a gente tenha deixado de cuidar do nosso amor. Talvez eu tenha parado de fazer aquele chocolate quente de que ele gostava. Talvez ele tenha parado de fazer aquela massagem nas minhas costas. Talvez a gente não fosse tão maduro quanto pensava. Talvez os nossos signos não combinassem tanto assim. Talvez a gente tenha errado, mesmo com uma vontade enorme de acertar. A verdade é que a gente tinha tudo para dar certo, mas não deu.

A GENTE TINHA TUDO PARA SER UMA DESSAS FAMÍLIAS DE COMERCIAL DE MARGARINA, SABE? MAS EM ALGUM MOMENTO A GENTE SE PERDEU. NÃO SEI EXATAMENTE O QUE ACONTECEU. JÁ PASSEI MUITAS NOITES EM CLARO TENTANDO ENTENDER O NOSSO FIM.

EU NÃO QUERO TE ESQUECER

Andam dizendo por aí que eu deveria te esquecer. Vivem me falando que eu preciso tirar você de mim para seguir em frente. Dizem até mesmo que preciso fingir que nada aconteceu, como se fosse possível te arrancar daqui. Te arrancar de mim. Nada disso faz sentido. Como é que vou te esquecer? Isso me parece tão difícil. Acho quase impossível.

A verdade é que me recuso a te esquecer. Não quero te esquecer. Me recuso a esquecer daquela vez que você chegou aqui em casa molhado de chuva com uma flor na mão. Me recuso a esquecer de quando me disse que eu era importante e que você queria tentar. Você queria pagar para ver se a gente conseguiria dar certo. E a gente deu. Por

Só o recíproco me interessa

um tempo, a gente deu. E talvez seja exatamente por isso que não quero te esquecer.

EU ME RECUSO A ESQUECER DE QUANTO O NOSSO AMOR ERA PURO E VERDADEIRO. ME RECUSO A ESQUECER DE QUANTO O NOSSO AMOR ERA NOSSO.

Não quero esquecer a nossa história, por mais que ela tenha tido alguns pontos ruins e seja cheia de altos e baixos. Por mais que o nosso amor não tenha sido perfeito e que a gente tenha errado muito um com outro, não quero me esquecer da gente.

Dizem por aí que sou meio doida por querer te manter guardado em algum lugar no meu coração. Talvez, eu seja mesmo. Talvez, não.

E, se para te superar eu preciso te esquecer, então não quero te superar. É isso. Eu realmente não quero te esquecer. Para falar a verdade, acho

Carolina Monsi

que tenho medo de te esquecer. É que não quero me esquecer daquelas borboletas que chegavam com você. Não quero me esquecer daquela viagem em que dormi no seu ombro durante todo o percurso. Não quero me esquecer de todas aquelas surpresas e cartinhas que a gente escrevia um para o outro. Não quero esquecer que um dia te amei. Talvez ainda ame. Não sei. Só sei que não quero, de jeito nenhum, esquecer você. Pelo menos, não agora. Agora, somente por agora, ainda quero te guardar em mim.

ME RECUSO A ESQUECER DE QUANDO ME DISSE QUE EU ERA IMPORTANTE E QUE VOCÊ QUERIA TENTAR. VOCÊ QUERIA PAGAR PARA VER SE A GENTE CONSEGUIRIA DAR CERTO. E A GENTE DEU. POR UM TEMPO, A GENTE DEU.

NEM SEMPRE A GENTE DEVE FAZER O QUE SE QUER, E SIM O QUE É PRECISO

Sei que você não quer ir embora. Sei que quer continuar com essa pessoa e tentar fazer a história de vocês funcionar. Mas também sei que você não está nada bem. E não é de hoje. Já tem algum tempo que você anda bastante confusa, angustiada e com o coração apertado. Você não pode mais ignorar isso.

Você não pode mais ignorar o fato de que essa história já não te faz bem. Não pode mais ignorar as noites de choro. Não pode mais ignorar a sensação de que está recebendo muito pouco nessa história. Não pode continuar se enganando e achando que está tudo certo. Não. Não está tudo certo, não está tudo bem. E, no fundo, você sabe muito bem disso.

Só o recíproco me interessa

Sabe que aquela pessoa não é para você, mas você continua aí. Continua insistindo. Continua acreditando. E, de certo modo, continua se destruindo. Isso ocorre porque, quando você escolhe permanecer em uma história que faz mal, não é o outro que te destrói. É você que se destrói.

Por isso te digo: é hora de parar de ignorar as bandeiras vermelhas. É hora de olhar para os sinais e perceber que, ainda que você ame essa pessoa, talvez ela não seja a sua melhor escolha. Afinal, como algo que te faz mal poderia ser o melhor para você? Como uma relação que não te dá nem o mínimo poderia ser o que você merece?

COMO ALGUÉM QUE NÃO SABE CUIDAR DO SEU CORAÇÃO PODERIA SER A MELHOR OPÇÃO? NÃO É. NA VERDADE, NÃO PODE SER.

Então, é hora de olhar para tudo isso. Chega de ignorar o que você anda sentindo. Chega de se

Carolina Monsi

enganar. Eu sei que você quer continuar aí, mas uma coisa que aprendi sobre o amor é que nem sempre a gente deve fazer aquilo que quer, e sim aquilo que precisa.

É claro que você quer insistir nessa pessoa. É claro que o seu coração quer continuar perto dela. Mas, a partir do momento que te faz mal, talvez seja necessário se retirar. Não é apenas fazer o que quer, e sim o que for necessário. Para que você fique bem. Para que seu coração fique em paz. Para que você possa voltar a sorrir.

DEPOIS DO NOSSO FIM

Depois do nosso fim, comecei a estudar francês. Depois do nosso fim, passei a caminhar na praia todos os dias. Depois do nosso fim, fiz novos amigos que nem são tão legais assim. Depois do nosso fim, mudei a rota de casa só para não ter que passar em frente àquele barzinho que a gente sempre ia. Depois do nosso fim, tentei te esquecer umas 4.072 vezes. Depois do nosso fim, mudei o sofá de lugar. Depois do nosso fim, continuei dormindo no meu lado da cama. Era como se eu esperasse que você fosse voltar para tomar o seu lugar.

Depois do nosso fim, passei a ir à academia umas quatro vezes por semana. Correr na esteira e pegar um halter de uns três quilos foi um jeito de tentar não pensar em você. Depois do nosso fim, pintei a parede do quarto de branco. Depois do nosso fim, mudei a cor do cabelo umas três vezes. Depois do nosso fim, comecei a ficar menos em casa. Depois do nosso fim, fui a algumas festas, fiquei bêbada e encontrei amigos dos quais certamente você não iria gostar.

DEPOIS DO NOSSO FIM, SAÍ COM ALGUNS CARAS E PROCUREI BASTANTE DE VOCÊ NELES. NÃO ACHEI. DEPOIS DO NOSSO FIM, DEMOREI A ACEITAR.

Depois do nosso fim, quis a gente junto de novo. Depois do nosso fim, entrei algumas vezes na nossa conversa das redes sociais. Depois do nosso fim, confesso que cheguei a te escrever umas mensagens, mas não enviei. Depois do nosso fim, adotei um gato e comecei a pensar em qual

Só o recíproco me interessa

nome você teria dado para ele. Acabou sendo Frajola, e você nem estava aqui para escolher. Depois do nosso fim, percebi o quanto era bom ter você aqui. Depois do nosso fim, senti saudade até mesmo das nossas brigas sem sentido algum e daquelas suas manias chatas.

Depois do nosso fim, tive que aprender a conviver com a saudade e com o fato de que você não iria voltar. Depois do nosso fim, escrevi mais textos do que de costume. Depois do nosso fim, me aventurei até a escrever três ou quatro músicas sobre a gente. E você sabe que nem cantar bem eu canto.

Depois do nosso fim, fiz algumas viagens que eu gostaria de ter contado para você como foram. Depois do nosso fim, comecei a escutar sertanejo universitário. E sabe o que é pior? Aquelas músicas fizeram um sentido danado para mim.

Depois do nosso fim, comecei a trabalhar mais do que antes. Comecei a tomar muito café. Depois do nosso fim, resolvi usar máscara para cílios. Depois do nosso fim, chorei vendo filmes clichês de romance e me entupi de brigadeiro. Depois do nosso fim, engordei mais ou menos

Carolina Monsi

uns três quilos. Depois do nosso fim, passei a faxinar a casa mais vezes do que de costume. Tentei, das formas mais diferentes possíveis, preencher o vazio que você deixou aqui, depois do nosso fim.

DEPOIS DO NOSSO FIM, PERCEBI O QUANTO ERA BOM TER VOCÊ AQUI. DEPOIS DO NOSSO FIM, SENTI SAUDADE ATÉ MESMO DAS NOSSAS BRIGAS SEM SENTIDO ALGUM E DAQUELAS SUAS MANIAS CHATAS.

AMOR A DISTÂNCIA FUNCIONA, SIM. DESDE QUE OS DOIS REMEM JUNTOS

Há alguns anos me apaixonei por um cara que morava em outra cidade. A gente não chegou a ter um relacionamento sério, mas isso não impediu que eu criasse um sentimento muito grande por ele. Um sentimento que me fazia rodar o mundo, se fosse preciso, só para estar perto dele.

Mas, depois de um tempo, fui percebendo que a vontade de fazer dar certo só existia do meu lado. E isso doeu muito. Doeu ver que aquela nossa história não era recíproca. Doeu ver que ele era incapaz de mover uma palha para me ver. No fim, doeu perceber que ele não me amava e que eu não era a sua escolha. Ele sempre dizia que viria para a minha cidade, mas nunca veio. Fazia

Só o recíproco me interessa

promessas e não cumpria. E, toda vez que ele me prometia algo, eu acreditava. Queria acreditar. Só eu sei o quanto eu queria.

Era sempre eu quem fazia um esforço gigante para a gente estar junto. Era sempre eu quem passava horas dentro do ônibus. Era eu quem comprava a passagem para a gente se ver. Ele nunca comprou uma passagem sequer para me ver. E não pense que era por falta de dinheiro. Era falta de interesse. Falta de vontade de fazer dar certo. Era a garantia de que eu estaria sempre ali. E confesso que estive durante um bom tempo, mas desisti de lutar sozinha.

Anos depois, conheci outro cara. Esse também morava longe. Depois de algumas conversas nas redes sociais, ele comprou uma passagem para vir me conhecer. Fiquei tão feliz, mas ao mesmo tempo era como se a vida tivesse me dado um tapa na cara. Na hora, pensei: "Nossa! Um cara que acabei de conhecer fez o que uma pessoa que ficou na minha vida por tantos anos foi incapaz de fazer!"

Logo a gente começou a namorar e a compartilhar a vida. É claro que não foi fácil viver um namoro a distância. Mas, com muita vontade e

Carolina Monsi

disposição de ambas as partes, a gente fez a coisa funcionar. E toda essa história me fez aprender duas coisas. Primeira: o importante não é quem diz, mas quem chega e faz. Segunda: amor a distância funciona, sim. Desde que os dois remem juntos. Lado a lado.

O AMOR VEM PARA QUEM ACREDITA NELE

Não é fácil a gente continuar acreditando no amor quando ele nos decepciona e nos faz sofrer. É difícil a gente continuar acreditando no amor quando ele parece não acreditar na gente. Sei disso, e não tiro a sua razão de forma alguma. Consigo entender quem desiste do amor e quem sai por aí dizendo aos quatro ventos que esse sentimento não existe. Confesso que já até senti um pouco de inveja dessas pessoas. É que nunca consegui desistir do amor. Nem quando o cara de quem eu gostava me deu um bolo no cinema. Nem quando o meu ficante beijou uma loira e uma morena na minha frente em uma festa. Nem quando descobri que o meu ex namorava comigo e ficava com outra pessoa ao mesmo tempo.

Carolina Monsi

NUNCA CONSEGUI DEIXAR DE ACREDITAR NO AMOR, APESAR DA COLEÇÃO DE DECEPÇÕES NAS COSTAS. E TALVEZ O AMOR TENHA VINDO PARA MIM POR ESSA RAZÃO: PORQUE NUNCA CONSEGUI DESISTIR DELE.

Nunca deixei de acreditar que as pessoas eram diferentes. Nunca deixei de acreditar que, do mesmo jeito que alguém me machucou, outra pessoa poderia me fazer muito mais feliz do que eu já era.

Apesar dos pesares, acho importante a gente continuar acreditando no amor. Vejo muita gente reclamando desse sentimento e deixando de acreditar nele. Vejo muita gente desistindo de amar. Vejo muitas pessoas dizendo que ninguém mais presta, que ninguém quer nada com nada, que

Só o recíproco me interessa

homem tá difícil, e por aí vai. A gente repete e repete esse discurso quase em piloto automático.

A verdade é que, se você acredita que ninguém mais presta, só vai se conectar com esse tipo de pessoa. Se acredita que ninguém neste mundão vale a pena, você só vai atrair pessoas que realmente não valem a pena. É como se a vida virasse para você e falasse: "Só vou te mandar esse tipo de gente, afinal, você não acredita que existem pessoas legais." Isso acontece porque o amor vem para quem acredita nele. E, a cada dia, tenho mais certeza disso. Pessoas que vivem reclamando do amor, dizendo que ele não existe e que amar não vale a pena, costumam atrair o que para a vida delas? Amor? Não. Na maioria das vezes, não. É mais provável que essas pessoas se decepcionem cada vez mais e tenham uma coleção de relacionamentos ruins e tóxicos. Porque elas não acreditam mais no amor bom. E, se elas não acreditam, esse amor não chega até elas. Não chega porque é como se elas tivessem criado uma grande barreira contra esse sentimento.

Por isso, eu digo que o amor vem para quem acredita nele. Para quem não deixa de acreditar nele, apesar de todos os tropeços no meio do caminho. Porque é isto: todo mundo tropeça, todo mundo cai, todo mundo se decepciona em algum momento. Todo mundo tem uma grande ferida em relação ao amor. Ninguém sai ileso quando uma história de amor chega ao fim. Mas nem todo mundo deixa de acreditar nele. E quem continua acreditando, uma hora ou outra, acaba esbarrando com o amor por aí. Seja na fila do banco, na praia ou na portaria do prédio.

Quando você acredita no amor, fica mais fácil ele chegar até você. Quando você acredita no amor, fica mais fácil ele acreditar em você também.

NUNCA DEIXEI DE
ACREDITAR QUE
AS PESSOAS ERAM
DIFERENTES. NUNCA
DEIXEI DE ACREDITAR
QUE, DO MESMO
JEITO QUE ALGUÉM
ME MACHUCOU, OUTRA
PESSOA PODERIA ME
FAZER MUITO MAIS
FELIZ DO QUE
EU JÁ ERA.

TE DEIXEI IR...
MAIS UMA VEZ

Semana passada, fiz uma viagem dessas que a gente marca em cima da hora, sabe? Peguei a mala, joguei ali dentro umas cinco ou seis peças de roupa e fui para o aeroporto. Passei no raio X, procurei igual a uma doida o meu portão e, depois de um bom tempo rodando lá, eu o encontrei. Mas, para a minha surpresa, não encontrei só o portão. Eu também te encontrei. Te reencontrei.

Dois aeroportos na cidade do Rio de Janeiro e você estava justo aqui. Vinte e quatro horas no dia e você estava aqui bem na hora que eu estava. Vários portões no Galeão e você estava ao meu lado, mexendo no celular. Eu te olhei e percebi que você tinha me visto também. Vi no seu olhar que era melhor a gente não se cumprimentar.

Só o recíproco me interessa

Não insisti, e com o olhar te respondi que não iria até você. Você logo voltou a atenção para o celular, na tentativa de ignorar o que estava acontecendo. Na tentativa de me ignorar.

E eu? Bom, fiquei pensando na gente. Fiquei me perguntando, como é que duas pessoas que se conhecem tão bem se tornam apenas duas desconhecidas? Como é que pode uma coisa dessas? Até um tempo atrás, você era a minha pessoa favorita. Era você a pessoa para quem eu contava tudo e para quem eu corria quando tinha algum problema. Você era o meu apoio e eu era o seu. E agora? Bom, agora nós somos apenas dois desconhecidos no aeroporto, esperando um voo qualquer.

Eu estava indo para uma reunião com a editora. E você? Será que a sua viagem era de negócios ou lazer? Será que você estava indo fazer aquela viagem que a gente planejava? Será que você iria encontrar alguém ou fazer algum curso? Eu não sabia. E essa, com certeza, é a pior parte de perder alguém: não saber. Não saber mais nada da vida de quem você ama.

Naquele dia, no aeroporto, te olhei uma centena de vezes e me perguntei umas mil se eu

Carolina Monsi

deveria ir até você. Mas desisti. Mesmo com uma vontade enorme de correr para o seu abraço, não fiz isso. Tem coisa que é melhor a gente deixar para lá. Não por falta de amor ou por orgulho, mas porque é melhor assim. E foi por isso que, quando chamaram o seu voo e você se levantou, não fui atrás de você. Tem coisas que, se a gente mexer, dói ainda mais. E você é uma dessas coisas. Se eu for atrás, sei que vai doer. E é por isso que te deixei ir… Mais uma vez.

NAQUELE DIA,
NO AEROPORTO,
TE OLHEI UMA
CENTENA DE VEZES E
ME PERGUNTEI UMAS
MIL SE EU DEVERIA
IR ATÉ VOCÊ. MAS
DESISTI. MESMO COM
UMA VONTADE ENORME
DE CORRER PARA O
SEU ABRAÇO,
NÃO FIZ ISSO.

SÓ O RECÍPROCO ME INTERESSA

Parei de cobrar o que não pode ser cobrado. Parei de cobrar amor, carinho, amizade e atenção. Só parei. E não parei porque simplesmente quis parar. Parei porque percebi que nada disso valia a pena. Aliás, nada que não é recíproco vale. E a gente tem que aprender isso. Na verdade, uma hora ou outra a gente aprende, ainda que demore.

Na maioria dos casos, a vida bate e nos mostra pouco a pouco que não dá para cobrar o que deveria ser básico em uma relação, seja ela de amizade ou de amor. Tem coisa que tem que vir de dentro, da alma mesmo. E uma hora a gente percebe que não é certo implorar atenção, gestos ou atitudes que deveriam ser espontâneas.

Só o recíproco me interessa

Simplesmente está errado. As coisas precisam ser naturais para ser verdadeiras.

Quando a gente percebe que a reciprocidade é a base de tudo, a gente se afasta de onde ela não habita. A gente se afasta de pessoas, ainda que gostemos muito delas. A gente se afasta de amores, ainda que o plano fosse fazer dar certo. A gente se afasta de amigos, ainda que o plano fosse ter uma amizade eterna. As coisas mudam. O grau de importância que te dão muda também.

E CABE A VOCÊ DECIDIR FICAR OU NÃO ONDE NÃO HÁ RECIPROCIDADE. MAS JÁ VOU LOGO AVISANDO: FICAR NÃO VAI VALER A PENA.

Não vai, porque só vai te machucar. O que não é recíproco te desgasta. Isso acontece porque uma relação não recíproca te faz se esforçar mais do que o normal. E o pior de tudo é que muitas vezes o seu esforço será em vão. E será em vão porque,

Carolina Monsi

para qualquer relação dar certo, é necessário haver reciprocidade. Ela deixa tudo mais fácil, mais natural e faz as coisas fluírem. Portanto, não se esqueça: permaneça apenas onde existir um sentimento recíproco. Caso não haja, não perca o seu tempo nem a sua saúde mental. Pode ir embora em paz e certa de que fez o melhor para você. E por você.

QUANDO A GENTE
PERCEBE QUE A
RECIPROCIDADE É
A BASE DE TUDO,
A GENTE SE AFASTA DE
ONDE ELA NÃO HABITA.

SE NÃO FOI FALTA DE AMOR, ENTÃO O QUE FALTOU?

Uma semana atrás, encontrei uma amiga que não via há bastante tempo. Ela começou a falar sobre a vida dela, sobre o emprego que ela odiava e sobre o relacionamento que tinha acabado pouco tempo antes. Entre uma bebida e outra, ela me contou que nunca tinha amado ninguém daquela maneira e que, até aquele momento, ainda não havia conseguido entender muito bem o término.

Segundo ela, os dois se amavam. E, na cabeça da minha amiga, isso era uma garantia de que eles ficariam juntos. Então, antes que ela pudesse me dizer mais alguma coisa, eu falei: "Mas só o amor não é o suficiente." Ela me olhou um pouco assustada e pensativa.

Só o recíproco me interessa

Comecei a falar para ela sobre como as pessoas fazem a gente acreditar que, se temos amor, temos tudo. Que ele sozinho sustenta a relação. Também disse que a gente não pode ser inocente ao ponto de achar que só sentimento é suficiente para fazer uma relação dar certo.

Foi nesse momento que ela olhou para mim e perguntou: "Se não foi falta de amor, então o que faltou? Eu acreditava que só amor era suficiente." Olhei para ela e logo comecei a pensar em tudo o que a gente precisa ter em uma relação.

A GENTE PRECISA TER RESPEITO, EMPATIA E CONFIANÇA. PRECISA TER DIÁLOGO E LIBERDADE.

Sem esses principais ingredientes, se relacionar fica bem difícil. Fica doloroso. Às vezes, na realidade, não falta amor. Mas faltam outras coisas que são tão importantes quanto. E isso prova que só o amor nunca foi nem nunca será o suficiente.

NÃO É SOBRE O TEMPO QUE DURA, MAS SIM O QUÃO BOM É AQUILO QUE SE VIVE

Um dia desses, eu estava conversando com uma pessoa que vivia uma relação havia dez anos. E, entre uma palavra e outra, percebi o quanto ela se orgulhava por estar há tanto tempo naquele relacionamento. Mesmo que a relação fosse uma coisa que não fazia tão bem assim, que já teve muita mentira e na qual ela não era verdadeiramente valorizada, eu podia ver nos olhos daquela pessoa o quanto ela se orgulhava de ter lutado por aquele "amor".

Tudo aquilo me fez pensar bastante. Primeiro, porque não vale a pena a gente aceitar qualquer coisa por amor. Segundo, porque tem muita gente por aí que está em relacionamentos longos, mas não está verdadeiramente feliz. E é por isso que eu digo: não é o tempo que dura, mas sim o quão bom é aquilo que se vive. Quão incrível é poder compartilhar a vida com aquela pessoa. E estar feliz.

Não adianta só estar em uma relação. A gente tem que estar bem. A verdade é que a maneira como se vive é muito mais importante do que a quantidade de tempo que se vive com aquela pessoa. Então, não adianta nada estar em um relacionamento há quatro anos, dez anos ou vinte anos, se ele já não te faz feliz.

AFINAL, SE A GENTE FOR PARAR PARA PENSAR, O AMOR É PARA FAZER FELIZ. NÃO É? ESSE É O PROPÓSITO DE TUDO.

VOCÊ ~~SUPEROU~~ SOBREVIVEU

Sei que, quando tudo chegou ao fim, você pensou que não iria aguentar. Pensou que nunca conseguiria se sentir inteira outra vez. Sei que, quando a história de vocês acabou, você jurou que não conseguiria superar esse adeus não planejado. E acho que isso é o que mais doeu, né? Ter que lidar com a quebra de expectativas e deixar para trás aquilo que você queria.

Mas olha só... Mesmo com você achando que era impossível, você superou. Você foi forte e conseguiu. E agora deve ter muito orgulho de si mesmo. Por todas as vezes que a saudade bateu e você não foi atrás.

Por todas as vezes que você quis ligar e não ligou. Por todas as vezes que pensou em dar uma

Só o recíproco me interessa

nova chance e não deu. Você tem mesmo é que ter muito orgulho por ter conseguido.

Acho que o mais bonito no processo de deixar um amor no passado é justamente quando tudo se ajeita dentro de nós e a gente percebe que conseguiu. Que sobreviveu. Que a vida continuou. E é tão lindo quando a gente consegue perceber que é mais forte do que imaginava e que venceu tudo isso.

Superar não é uma tarefa fácil. E eu sei bem disso. Mas, quando a gente consegue, é tão bom. É tão gostoso olhar para trás e perceber que a vida não acabou ali. É tão bom saber que hoje aquela pessoa não passa de uma recordação. E o mais maravilhoso é saber que você conseguiu deixar no passado o que tinha que ficar lá. Por isso, tenho muito orgulho de você. E você também deve ter. Você conseguiu. Mesmo com a saudade, com a vontade de procurar e com o coração doendo.

MESMO ASSIM, VOCÊ CONSEGUIU.

AGRADECIMENTOS

Agora é hora de agradecer a todos aqueles que me apoiaram de alguma forma e que fizeram deste livro algo possível. Primeiramente, agradeço à Editora Astral Cultural por acreditar no meu trabalho e fazer o sonho se materializar. Agradeço o carinho de todos que trabalham na editora, mas deixo um agradecimento especial à Natalia Ortega, que me acompanhou durante toda a produção deste livro e sempre trouxe bons conselhos e sugestões.

Agradeço à minha agência literária, a Increasy. Obrigada, Guta Bauer, por ter acreditado no meu sonho e por ter me recebido com muito amor na sua agência. Sem a Increasy, este livro não seria possível.

Gostaria de agradecer também aos meus familiares e amigos por sempre me apoiarem. Deixo um agradecimento especial ao meu marido, Thiago Souza, por acreditar em mim e estar ao meu lado para tudo. Você é o meu maior incentivador. Te amo e te agradeço por sempre vibrar pelos meus sonhos.

Agradeço ao meu amigo e também escritor Felipe Rocha por toda a troca que tivemos durante a produção deste livro. O Felipe me deu muita força para fazer este projeto acontecer. Sempre me deu ótimos conselhos por já ser "da casa". Obrigada por tudo!

Agradeço às pessoas que escolheram ler o *Só o recíproco me interessa*. Agradeço também aos meus seguidores, que sempre me pediram um livro com os meus textos. Agora este livro existe. E eu não poderia estar mais feliz por tê-lo em mãos.

Agradeço a mim mesma por não ter desistido do meu sonho e por sempre ter tido a certeza de que, em algum momento, eu poderia entrar em uma livraria e ver um livro meu lá. Isso significa muito para mim.

Por fim, gostaria de agradecer a todas as pessoas que passaram pela minha vida amorosa.

Sem as experiências que vivi com cada um de vocês, este livro não existiria. Meus textos não existiriam. Porque tudo começou com um coração partido. Ou dois.

Primeira edição (março/2022)
Papel Pólen soft 70g
Tipografias Baskerville e Trincha
Gráfica Santa Marta